Pia Deges

Mama & ich

NÄHEN

Über 30 schöne
Mutter-Tochter-Projekte

Inhalt

Material & Werkzeug 04

Tipps, Tricks & Techniken 08

Kleine Stoffkunde 14

Tipps für eure gemeinsamen
Nähabenteuer 18

Mein eigenes Nähkästchen 22

Mein eigenes Nadelkissen 24

Meine eigenen Knöpfe 26

Glücksaccessoires

Oktopustasche 30

Blumenbrosche 34

Schicke Schnürsenkel 36

Schnelle Armbänder 38

Haarschmuck 40

Vögelchen-Geldbörse 42

Gürtel nach Maß 46

Schlüssel-Matroschka 48

Schöner Sportbeutel 50

Blumige Handytasche 52

Schicke Spielstücke

Kuschelmonster 58

Supergirl 60

Hüpfspiel 64

Feenstab 68

Reise-Tic-Tac-Toe 70

Filzpüppchen 74

Mädchenzimmer

Jeans-Utensilo 78

Flauschige Kuscheldecke 80

Sehr bunter Sitzsack 82

Haarspangenhalter 86

Wimpelkette 90

Spielzeug-Ordnungshüter 92

Federmappen-Fräulein 96

Little Miss Wölkchen 100

Gepimpte Pinnwand 102

Blumenkissen 104

Kleiderschätze

Fröhlicher Rock 108

Sternenshirt 112

Patchworkschal 114

Sommerkleid 116

Armstulpen für Mama und mich ... 120

Ich für Mama

Lavendelsäckchen 124

Das schaff ich ganz alleine

Impressum 128

Material & Werkzeug

15 Stickgarn

3 Rollschneider

14 Nähgarn

2 Kreisschneider

1 Lineal

11 Sicherheitsnadeln

12 Nähnadeln

10 Stecknadeln und magnetisches Nadelkissen

17 Stoffe und Bänder

20 Bleistift

8 Nahttrenner

9 Knöpfe und Snaps

5 Papierschere

15 Sticknadel

18 Maßband

19 Schneiderkreide

7 kleine spitze Schere

6 Zickzackschere

UHU Creativ'

Kreativkleber für
STOFF, FILZ
& BÄNDER
Colle créative pour:
TISSU, FEUTRINE
& RUBANS
Craft glue for:
FABRICS, FELT
& RIBBONS
Creatieve lijm voor:
TEXTIEL, VILT &
DOEKOMSLAGEN
Pegamento creativo para:
TELA, FIELTRO Y
CINTAS DE TELA

4 Stoffschere

13 Textilkleber

5

① Lineal

Das Lineal hilft dir beim Übertragen der Schnittmuster und beim Aufzeichnen von Linien oder Abmessen von Nahtzugaben auf dem Stoff. Wenn du Stoffrechtecke ausschneiden willst, kannst du sie mit dem Lineal und Bleistift oder Schneiderkreide auf den Stoff aufzeichnen.

② Kreisschneider

Für Kreise aller Art sind Kreisschneider eine große Hilfe. Du stellst den Kreisdurchmesser ein und drehst den Schneider am Handrad einmal um die eigene Achse. Schon hast du den perfekten Kreis z. B. für Punkte oder Augen.

③ Rollschneider

Rollschneider eignen sich zum schnellen, sauberen und einfachen Zuschneiden von Stoffen. Aber Vorsicht: Verwende sie nur in Verbindung mit einer Schneidematte.

④ Stoffschere

Mit der Stoffschere schneidest du deine Stoffe zu. Schneide niemals Papier oder Pappe damit. Davon wird die Schere stumpf und das Zuschneiden von Stoffen ist dann viel schwerer.

⑤ Papierschere

Hab immer eine Papierschere zur Hand, um die Vorlagen auszuschneiden.

⑥ Zickzackschere

Die Zickzackschere macht schöne Muster und versäubert auch Nahtkanten. Aber sie ist nicht unbedingt notwendig.

⑦ Kleine Spitze Schere

Mit der kleinen spitzen Schere kannst du Fäden abschneiden oder Kleinteile zuschneiden.

⑧ Nahttrenner

Wenn du dich einmal vernäht hast, hilft nur eins: Du musst die Naht wieder auftrennen. Das machst du mit einem Nahttrenner. Er hat eine Spitze und ein kleines Messerchen. Die Spitze führst du unter die Fadenschlaufe, das kleine Messerchen durchtrennt dann den Faden.

⑨ Knöpfe und Snaps

Knöpfe braucht man nicht nur zum Verschließen, sie eignen sich auch prima zum Verzieren deiner Nähmodelle. Es gibt sie in vielen verschiedenen Ausführungen. In diesem Buch werden hauptsächlich normale Knöpfe und Snaps (eine Art Druckknopf) verwendet.

⑩ Stecknadeln

Stecknadeln sind großartige Helfer beim Nähen. Sie halten Stofflagen zusammen, damit diese beim Nähen nicht verrutschen. Oft dienen sie auch als Markierung. Bewahre deine Nadeln auf einem Nadelkissen auf. So hast du sie immer griffbereit.

⑪ Sicherheitsnadeln

Mit Sicherheitsnadeln fädelst du Gummibänder oder Kordel durch Stofftunnel, etwa bei einem Turnbeutel. Befestige die Sicherheitsnadel an einem Ende des Gummibands oder der Kordel, verschließe sie und ziehe sie anschließend mit der dicken, runden Seite voran durch den Stofftunnel. Ist Gummi oder Kordel durchgezogen, ziehst du die Sicherheitsnadel einfach wieder ab.

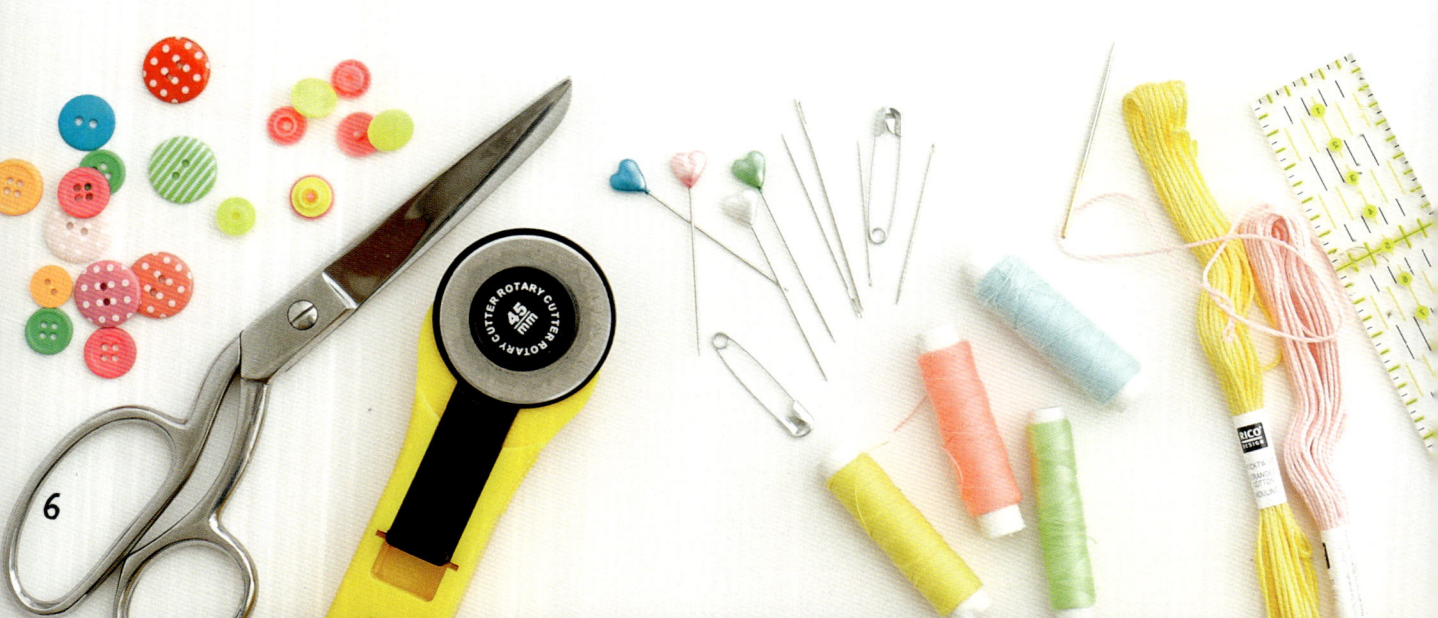

12 Handnähnadeln

Handnähnadeln gibt es in verschiedenen Stärken und Längen. Für die Modelle in diesem Buch ist die Stärke 9 gut geeignet. Generell gilt: Je dünner der Stoff, desto dünner sollte die Nadel sein.

13 Stoffkleber

Mit ihm lassen sich Stoffmotive und Filzteile prima aufkleben.

14 Nähgarn

Nähgarn gib es in vielen Farben und Stärken. Allzweckgarn aus Polyester ist am gebräuchlichsten.

15 Stickgarn

Bei einigen Projekten werden Augen, Mund oder Haare aufgestickt. Dafür benutzt du am besten Stickgarn, das dicker ist als herkömmliches Garn.

16 Sticknadeln

Immer wenn Stickgarn verwendet wird, brauchst du eine Sticknadel. Sie hat ein größeres Nadelöhr, durch das sich das dickere Stickgarn gut hindurchfädeln lässt.

17 Stoffe und Bänder

Je bunter die Stoffe, umso farbenfroher wird dein Projekt. Webbänder, Zackenlitze, Pompon- oder Satinbänder eignen sich prima, um Modelle zu verzieren.

18 Maßband

Das Maßband ist ein unentbehrlicher Helfer beim Nähen. Mit ihm kannst du Stoffstücke ausmessen oder Markierungen einzeichnen.

19 20 Schneiderkreide, Bleistift, Trickmarker

Mit der Schneiderkreide kannst du Nahtlinien oder Markierungen für Wendeöffnungen einzeichnen. Der Bleistift eignet sich für das Zeichnen auf Vliesofix am besten und für das Abpausen der Schnittmuster. Der Trickmarker ist prima geeignet für das Einzeichnen von Hilfslinien und Markierungen, weil er nach ein paar Tagen einfach verschwindet.

21 Transparentpapier

Um Vorlagen zu übertragen, kannst du Transparentpapier oder einfaches, halbdurchsichtiges Butterbrotpapier benutzen. Selbstentworfene Schnitte kannst du auf Zeitungspapier aufzeichnen und sie dann ausschneiden.

Tipps, Tricks und Techniken

Schnittmuster kopieren und übertragen

Mithilfe der Schnittmuster schneidest du die einzelnen Modellteile zu. Alle Schnittmuster findest du auf dem Schnittmusterbogen hinten im Buch. Um sie benutzen zu können, musst du sie abpausen. Lege dazu transparentes Papier, Butterbrotpapier oder durchsichtige Folie auf die Vorlage und fahre alle Linien und Markierungen mit dem Bleistift nach. Dann schneidest du deine Vorlage aus. Stecke das Schnittmuster auf der linken Seite deines Stoffes mit Stecknadeln fest. Jetzt zeichnest du mit Schneiderkreise die Form des Schnitts auf den Stoff und überträgst alle Markierungen. Dann nimmst du die Vorlage wieder ab.

Nahtzugabe

Zwei Stofflagen nähst du in der Regel mit etwa 1 cm Abstand zur Stoffkante zusammen, damit die Naht nicht wieder aufgeht. Den Abstand zwischen der Naht und der Stoffkante nennt man Nahtzugabe. Manche Schnittmuster enthalten schon eine Nahtzugabe. Diese kannst du dann direkt auf der Umrandungslinie ausschneiden. Bei anderen Schnittmustern musst du die Nahtzugabe hinzufügen. Dann zeichnest du im Abstand von 1 cm vom Schnittmuster eine Linie auf den Stoff und schneidest das Stoffteil entlang dieser Linie aus. Du findest Hinweise auf den Schnittmustern, ob du mit oder ohne Nahtzugabe zuschneiden musst.

Stoffbruch

Die Falte, die entsteht, wenn man einen Stoff zusammenfaltet, nennt man Stoffbruch oder einfach Bruch. Manchmal musst du ein Schnittmuster am Stoffbruch anlegen, um ein Stoffteil zuzuschneiden.

9

Bügeln

Bevor du loslegst, solltest du deine Stoffe glattbügeln. So liegt auch das Schnittmuster schön glatt auf. Manchmal muss eine Naht ausgebügelt werden. Dazu klappst du die Nahtzugaben auseinander und bügelst sie flach.

Gerader Stich

Fast alle Nähte in diesem Buch werden mit geradem Stich genäht. Immer wenn in der Anleitung nichts anderes angegeben ist, benutzt du den geraden Stich. Wähle auf deiner Nähmaschine das Programm für den geraden Stich und stelle die Stichlänge mit 2,5 mm ein.

Zickzackstich

Den Zickzackstich brauchst du zum Versäubern von Stoffkanten und Nähten und zum Aufsticken von Applikationen. Welche Stichlänge und Stichbreite du dazu einstellen musst, ist in der jeweiligen Anleitung angegeben.

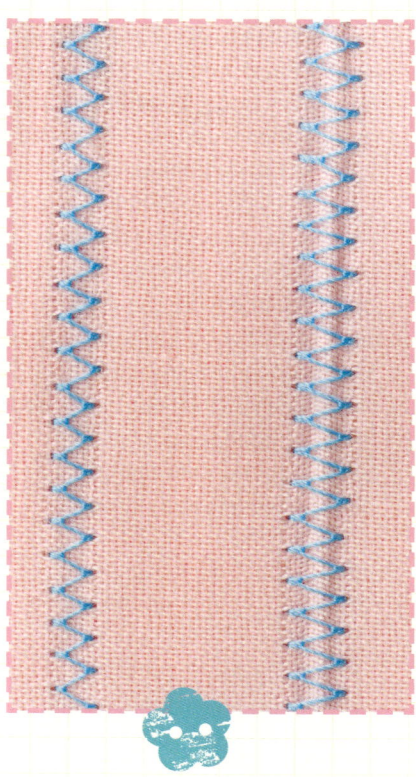

Füßchenbreit nähen

Füßchenbreit nähen heißt, dass der rechte Rand des Füßchens beim Nähen genau an der Stoffkante entlanggeführt wird. So entstehen gerade Nähte.

Knappkantig nähen

Manchmal ist es notwendig, ganz nah an der Stoffkante zu nähen. Versuche also, so dicht wie möglich an der Kante entlang zu nähen, ohne dass die Nadel dabei neben dem Stoff einsticht.

Ecken nähen

Wenn du um die Ecke nähen willst, musst du den Stoff neu ausrichten. Nähe bis kurz vor den Eckpunkt und drehe falls nötig am Handrad, bis die Nadel im Stoff steckt. Dann stellst du das Füßchen hoch und drehst den Stoff in die gewünschte Richtung. Senke das Füßchen wieder ab und schon kannst du weiternähen.

Nahtzugabe versäubern

Damit dein Stoff an Stoffkanten und Nähten nicht ausfranst, versäuberst du ihn. Dafür nähst du mit mittelbreitem Zickzackstich (Stichlänge 2,5 mm, Stichbreite 4 mm) auf der Stoffkante entlang. Dabei sticht die Nadel immer einmal abwechselnd in den Stoff und einmal knapp daneben.

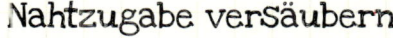

Naht sichern

Am Anfang und am Ende jeder Naht nähst du ein kleines Stück rückwärts. So stellst du sicher, dass die Naht später nicht wieder aufgeht. Man nennt das „die Naht sichern". Drücke an deiner Nähmaschine den Knopf für Rückstich und tritt vorsichtig auf das Pedal. Drei Rückstiche reichen aus.

Nahtzugabe zurück-schneiden

Bei einigen Modellen ist es notwendig, die Nahtzugabe bis knapp vor die Naht zurückzuschneiden. Dafür schneidest du die Nahtzugabe ganz nah an der Naht ab. Achte jedoch darauf, dass du nicht in die Naht hineinschneidest!

Ecken abschrägen

Damit die genähten Ecken nach dem Wenden des Modells nicht so dick sind und gut in Form liegen, musst du die Ecken abschrägen. Dazu schneidest du die Naht-zugabe an den Ecken bis kurz vor die Naht schräg ab. Achte darauf, dass du nicht in die Naht hineinschneidest!

Wendeöffnungen

Wendeöffnungen brauchst du, um ein auf links genähtes Modell wieder auf rechts zu wenden. Sie sind im Schnitt-muster markiert. Um eine Wendeöffnung zu erhalten, lässt du die Naht zwischen den Markierungen offen. Achte darauf, die Naht vor und nach der Wendeöff-nung mit einigen Rückstichen zu sichern.

Wendeöffnungen verschließen

Immer wenn Wendeöffnungen im Innenfutter liegen, also beim fertigen Modell nicht sichtbar sind, kannst du sie mit der Nähmaschine und geradem Stich zunähen. Manche Wendeöffnungen musst du allerdings mit der Hand zunähen. Dafür fädelst du einen Faden in die Nähnadel und verknotest die Fadenenden. Stich anschließend die Nadel immer wieder von derselben Seite durch beide Stofflagen.

Nahtschatten

Bei einigen Projekten sollst du im Nahtschatten nähen. Dazu faltest du die Stofflagen an der entsprechenden Naht auseinander und nähst genau auf der Nahtlinie zwischen den beiden Stoffen.

Nicki

Baumwollstoff

Jersey

Kleine
Stoffkunde

Filz

Fleece

Frottee

Fleece

Fleece ist ein kuscheliger, meist aus Polyester hergestellter Stoff, der nicht ausfranst und deshalb leicht zu verarbeiten ist.

Filz

Für alle Filzarbeiten in diesem Buch wird einfacher Bastelfilz aus Polyester verwendet. Er lässt sich einfach schneiden, franst nicht aus und ist in vielen verschiedenen Farben erhältlich.

Baumwolle

Baumwollstoff gibt es in vielen verschiedenen Farben und schönen Mustern. Er ist sehr strapazierfähig und wird für viele Modelle in diesem Buch verwendet.

Frottee

Frottee hat eine weiche, flauschige Oberfläche. Handtücher etwa sind aus Frottee gemacht. Du kannst daraus aber auch andere schöne Sachen nähen.

Nicki

Dieser Stoff ist weich und sehr elastisch. Durch seine Dehnbarkeit ist er nicht ganz leicht zu verarbeiten. Nichts für Anfänger.

Jersey

Jersey ist ein weicher, elastischer Stoff, aus dem die meisten T-Shirts hergestellt sind. Um ihn zu verarbeiten, brauchst du eine spezielle Nadel an der Nähmaschine.

Rechte und linke Stoffseite

Die schöne Seite eines Stoffes bezeichnet man als die rechte Seite, also die Seite, die man später außen sieht. Die Rückseite des Stoffes bezeichnet man als linke Seite.

Rechts auf rechts legen

Heißt es in der Anleitung „lege die Stoffe rechts auf rechts", dann legst die beiden „schönen" Seiten aufeinander und nähst dann auf der linken Seite.

Wenn du Stoffe links auf links legen sollst, ist es genau umgekehrt. Dann liegen die beiden linken Stoffseiten aufeinander und die rechten Stoffseiten außen.

Stofflagen fixieren

Damit die Stofflagen, die du zusammennähen möchtest, beim Nähen nicht verrutschen, sicherst du sie mit Stecknadeln. Stecke die Nadeln quer zur Nahtlinie, dann kannst du einfach vorsichtig mit der Nähmaschine darüber nähen. Achte darauf, die Nadeln so anzubringen, dass du sie während des Nähens gut entfernen kannst.

Vliesofix

Bei vielen Modellen in diesem Buch wird Vliesofix verwendet. Das ist ein doppelseitiges Klebevlies, das auf den Stoff aufgebügelt wird, um zwei Stoffstücke miteinander zu verbinden. Auf diese Weise lassen sich Motive aus Stoff oder Filz, aber auch Webbänder auf Stoff „kleben" und verrutschen beim Nähen dann nicht mehr.

1 Vliesofix zu verarbeiten ist ganz einfach. Zuerst zeichnest du auf die glatte Seite des Vliesofix deine Vorlage auf.

2 Schneide das Muster grob aus und bügle die raue Seite des Vliesofix nach Herstelleranleitung auf die linke Stoffseite des Stoffes. Lass alles gut abkühlen.

3 Jetzt schneidest du dein Motiv entlang der Linie aus. Entferne das Trägerpapier und bügle dein Motiv mit der Klebefläche nach unten auf die rechte Stoffseite deines Modells.

4 Zum Schluss kannst du die Kanten des aufgebügelten Motivs noch mit geradem Stich absteppen oder mit Zickzackstich umnähen.

Vlieseline

Vlieseline wird auf Stoffteile aufgebügelt, um den Stoff fester zu machen. Es gibt sie in unterschiedlichen Stärken. Welche Stärke du für das jeweilige Modell brauchst, steht in der Anleitung. In der Regel wird die Vlieseline mit leichtem Druck auf die linke Stoffseite gebügelt. Beachte immer die Anleitung des Herstellers.

Stickeinlage

Die Stickeinlage brauchst du, wenn du ein Motiv auf einem T-Shirt mit Zickzackstich umnähen willst. So verrutscht es nicht. Bügle die Stickeinlage auf die Innenseite des T-Shirts, nähe dein Motiv auf und reiße die Stickeinlage am Ende einfach vorsichtig heraus.

Volumenvlies

Volumenvlies ist ein dickes Vlies, das man wie alle Einlagen auf die linke Stoffseite aufbügeln kann. Es macht den Stoff dicker. Lege beim Bügeln ein Tuch zwischen Bügeleisen und Volumenvlies, sonst bleibt das hitzeempfindliche Vlies am Bügeleisen haften. Beachte immer die Anleitung des Herstellers.

Tipps für eure gemeinsamen Näh-Abenteuer

Schöne Stoffe – Schon ein gemeinsamer Besuch eines Stoffmarktes oder Stoffladens kann zum Happening werden. Ganz wichtig: der Geschmack deiner Tochter steht im Vordergrund. Gefällt ihr der Stoff, ist auch die Motivation höher, etwas Schönes daraus zu zaubern.

Alleine! – Das Gefühl, etwas ganz alleine geschafft zu haben, macht unheimlich stolz. Also gib deinem Kind ausreichend Möglichkeiten dazu. Alle Schritte, bei denen von Hand genäht wird, können Kinder völlig selbstständig ausführen. Es wird vielleicht nicht so gerade und ordentlich, wie du es hinbekommen würdest – macht aber sehr stolz!

Ein Auge zudrücken – Wenn etwas nicht exakt gearbeitet ist, eine Naht krumm oder ein Knopf nur lose angenäht ist – lieber mal ein Auge zudrücken und den Perfektionismus hinten anstellen.

Schätze – Selbstgenähte Werke sind für Kinder hart erarbeitete Schätze und wollen mit entsprechendem Lob und Anerkennung bedacht werden.

Zeit – Für ein gemeinsames Mutter-Tochter-Projekt solltet ihr ausreichend Zeit einplanen, damit ihr ganz entspannt nähen könnt. Gehetzt macht Nähen weder dir noch deiner Tochter Freude.

Kleine Extra-Projekte – Immer wieder wird für deine Tochter eine Wartezeit entstehen, in der du vielleicht Sachen an der Nähmaschine machst, die ein bisschen komplizierter sind. Damit deine Tochter sich nicht langweilt, gib ihr ein kleines Handnähprojekt, mit dem sie sich in der Zwischenzeit beschäftigen kann.

Kleine Designer – Lass dein Kind ein Ideenbuch machen, in das es Skizzen für neue Projekte zeichnen oder auch Stoffreste und Bänder einkleben kann. Das macht Spaß und gibt deiner Tochter das Gefühl, dass ihre Ideen einen Wert haben.

Pausen – Legt zusammen Nähpausen ein, vielleicht mit Tee oder Saft und Keksen. Danach geht es gestärkt wieder an die Arbeit.

Die Luft ist raus – Ist einmal die Luft raus, weil das Nähprojekt ein bisschen aufwendiger ist, legt die Arbeit zur Seite und macht an einem anderen Tag weiter. Manchmal ist das die beste Lösung.

Das Ergebnis motiviert – Manchmal kann es hilfreich sein, wenn du für deine Tochter ein Stück weiternähst und damit ein Zwischenergebnis sichtbar wird.

Füllungsexpertin – Fertige Sachen mit Füllwatte, Dinkelkörnern oder etwas anderem zu befüllen, macht Kindern immer viel Freude. Lass deine Tochter alle Modelle befüllen – mache sie zur obersten Befüllerin eurer Projekte.

Einfacher Einstieg – Ganz zu Anfang dieses Buches gibt es drei Projekte, die ganz einfach sind und deiner Tochter viel Spaß machen werden. So kann sie ihr eigenes Nähkästchen, ein Nadelkissen oder auch Knöpfe selber machen.

Kleine Schritte – Einfädeln, Ausschneiden, Aussuchen, Annähen, Schablonen machen, Befüllen, Nähmaschine startbereit machen – du wirst erstaunt sein, wie viele Schritte deine Tochter schon nach kurzer Zeit komplett selbstständig übernehmen kann. Nimm dir die Zeit, ihr alles zu erklären. Learning by Doing ist immer der beste Weg.

Lob – Loben, Loben, Loben! Gerade bei so wertvoll verbrachter Zeit, in der tolle Ergebnisse entstehen, gibt es immer wieder die Möglichkeit, deine Tochter für ihre Arbeit zu loben. Das macht glücklich und stolz und sollte oberstes Ziel eurer gemeinsamen Näh-Abenteuer sein.

- 6er Eierkarton
- Acrylfarbe in Rosa
- Klarlack
- Stoffrest, 12 cm x 12 cm
- Füllwatte
- Nähnadelpäckchen
- Nadel und Faden
- Tonpapierrest in Hellblau, ca. 7 cm x 10 cm
- Klebstoff

1 Für dieses wunderbare Nähkästchen malst du zunächst einen leeren Eierkarton mit rosa Acrylfarbe an. Lass die Farbe gut trocknen. Vielleicht musst du die Farbe zweimal auftragen, damit sie überall gut deckt. Dann kannst du dein Nähkästchen mit einer Schicht Klarlack überziehen.

2 Schneide aus einem schönen Stoffrest einen Kreis mit 10 cm Durchmesser aus. Dann rollst du eine tischtennisballgroße Menge Füllwatte zwischen deinen Händen zur Kugel.

3 Lege den Stoffkreis um die Kugel herum. Fädle einen 30 cm langen Faden auf eine Nadel und verknote die Enden. Stich mit der Nadel auf einer Seite durch den Kreisrand, zieh den Faden lang und stich dann auf der gegenüberliegenden Seite wieder durch den Kreisrand. Zieh den Faden stramm, so dass sich die Stoffränder berühren. Das wiederholst du einige Male an anderen Stellen. Du erhältst ein kleines kugeliges Nadelkissen, das perfekt in eine Mulde deines Eierkartons passt.

4 Klebe ein Päckchen mit Nähnadeln auf ein Stück hellblaues Tonpapier und das Tonpapier anschließend in die Innenseite des Deckels.

5 Jetzt kannst du dein Nähkästchen mit wichtigem Zubehör wie Garnrollen, einer kleinen Schere, Maßband, Knöpfen, Bändern usw. füllen. Die Stecknadeln steckst du auf das Nadelkissen.

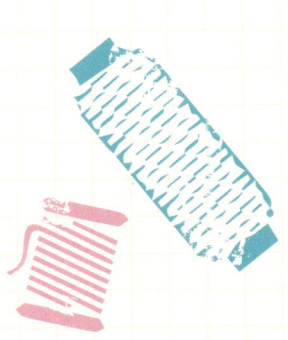

Das schaff ich ganz alleine

23

- Spielzeugtier, ca. 12 cm lang
- Acryllack in Pink, Hellblau oder Türkis
- Pinsel
- Stoffrest, 10 cm x 10 cm
- Füllwatte
- Stecknadeln
- Heißklebepistole
- Nähnadel und Nähgarn

1 Wasche das Kunststofftier gründlich mit Spülmittel und warmem Wasser ab. Lass es gut trocknen.

2 Male das Tier mit Acryllack an und lass die Farbe über Nacht trocknen. Vielleicht braucht dein Tier einen zweiten Anstrich, falls die Farbe nicht gut hält.

3 Schneide aus dem Stoffrest einen Kreis mit 8 cm Durchmesser aus.

4 Rolle eine walnussgroße Menge Füllwatte zwischen deinen Händen zur Kugel. Lege den Stoffkreis um die Kugel herum.

5 Fädle einen 30 cm langen Faden auf eine Nadel und verknote die Enden. Stich mit der Nadel an einer Stelle durch den Kreisrand, dann auf der gegenüberliegenden Seite wieder durch den Kreisrand. Zieh den Faden lang, sodass sich die Stoffränder berühren. Das wiederholst du einige Male an anderen Stellen des Stoffrands, sodass du eine kleine Kugel erhältst. Verknote den Faden und fertig ist das kleine Nadelkissen.

6 Klebe das Nadelkissen mit der zusammengenähten Seite mit Heißkleber auf den Tierrücken. Lass dir dabei unbedingt von Mama helfen! Lass den Kleber abkühlen, dann kannst du dein Tier mit Stecknadeln bestücken.

Das schaff ich ganz alleine

- luft- oder mikrowellen-härtende Modelliermasse (z. B. FIMO®air light)
- Backpapier
- Nudelholz
- Kreis-Ausstecher, ø 20 mm, ø 25 mm und ø 30 mm
- Acrylfarbe, Farbe nach Wunsch
- Pinsel
- Klarlack matt
- Schaschlikspieß

Das schaff ich ganz alleine

1 Rolle die Modelliermasse mit dem Nudelholz etwa 3–4 mm dick auf Backpapier aus. Jetzt kannst du mit deinen Kreis-Ausstechern Knöpfe ausstechen.

2 Damit du die Knöpfe später auch annähen kannst, stichst du mit einem Schaschlikspieß zwei kleine Löcher in die Mitte der ausgestochenen Kreise. Zieh den Spieß einmal durch deinen Knopf und lege den Knopf dann mit der Einstichseite nach oben auf einen Teller.

3 Lass die Knöpfe an der Luft härten. Oder du stellst den Teller zusammen mit einem Glas Wasser in die Mikrowelle. Dort härtest du deine Knöpfe bei 600 Watt etwa zehn Minuten. Beachte die Herstelleranleitung. Nimm die Knöpfe heraus und lass sie auskühlen.

4 Male die Knöpfe zuerst mit einer Farbe ganzflächig an. Vergiss die Ränder nicht. Ist die Farbe getrocknet, umrandest du die Knopflöcher und den Rand mit einer anderen Farbe. Zum Schluss trägst du noch eine Schicht Klarlack auf.

Tipp

Du kannst auch mit anderen kleinen Ausstechformen witzige Knöpfe selber machen. Wie wäre es mit Sternen oder Herzen? Alles, was zwei Löcher hat, kannst du als Zierknopf annähen. Auch beim Bemalen kannst du deiner Fantasie freien Lauf lassen.

Glücksaccessoires

♥

Oktopustasche

Blumenbrosche

Schicke Schnürsenkel

Schnelle Armbänder

Haarschmuck

Vögelchen-Geldbörse

Gürtel nach Maß

Schlüssel-Matroschka

Schöner Sportbeutel

Blumige Handytasche

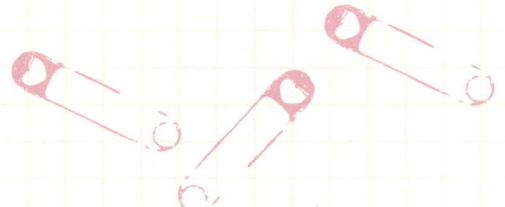

Oktopustasche

✂ Schnittmuster-
bogen A

Das braucht ihr:

- Jeansstoff, 30 cm x 90 cm
- 8 Baumwollstoffe, Farben und Muster nach Wunsch, je 6 cm x 40 cm
- Baumwollstoff in Gelb-Weiß kariert, 4 cm x 110 cm
- Klettverschluss, 3 cm breit, 4 cm lang
- Filzreste in Gelb, Blau, Hellgrün und Rosa
- Satinband, 2 cm breit, 14 cm lang
- Satinband, 3 mm breit, 10 cm lang
- 2 große Hände Füllwatte
- Textilkleber

1 Schneide alle Schnittmusterteile aus und pause die Markierungen ab.

2 Lege einen der acht Stoffreste rechts auf rechts doppelt. Hefte das Schnittmuster für die Arme mit Stecknadeln auf den Stoff.

3 Umnähe das Schnittmuster, lass die schmale gerade Seite offen.

4 Schneide die Nahtzugabe bis auf 3 mm zurück. Wende den Arm und stopfe ihn mit Füllwatte aus. Du kannst dabei einen Kochlöffelstiel zu Hilfe nehmen. Wiederhole die Schritte 2 bis 4 für die restlichen Arme.

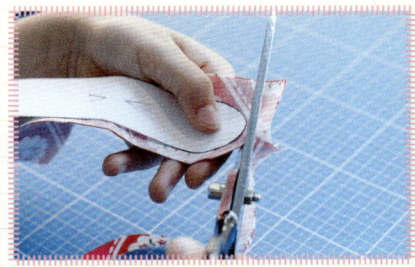

5 Für den Träger faltest du den 4 cm x 110 cm großen Stoffstreifen längs und bügelst die Faltlinie. Falte den Streifen wieder auseinander.

6 Klappe die beiden Außenkanten des Streifens auf die eingebügelte Mittellinie (Bügelfalte) und bügle die Falten.

7 Falte die gebügelten Bruchkanten aufeinander und bügle den Streifen. Jetzt nähst du die offene Längsseite knappkantig zu. Nähe anschließend die andere Längsseite des Trägers knappkantig ab.

Weiter geht es auf Seite 32.

8 Schneide das Oktopuskörperteil mithilfe des Schnittmusters viermal aus Jeansstoff zu: zweimal für die Außentasche, zweimal für das Innenfutter.

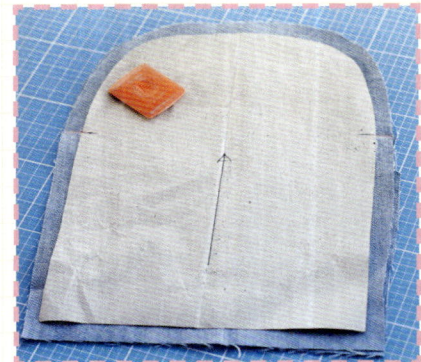

9 Lege ein Oktopuskörperteil mit der rechten Seite nach oben und stecke die acht Arme an der geraden Kante so fest, dass sie nach innen liegen. Den Träger steckst du ebenfalls beidseitig unterhalb der Markierungspunkte fest. Achte darauf, dass auch er innen liegt.

10 Lege das andere Oktopuskörperteil mit der rechten Seite darauf und stecke es bis zur Markierung für die Öffnung fest. Nähe anschließend von Markierung zu Markierung den Körper zusammen, die Oberseite bleibt offen. Achte darauf, dass du die acht Beine mit annähst.

11 Nähe auf die beiden Innenfutterteile jeweils an den Markierungspunkten die Klettverschlüsse auf die rechte Stoffseite. Anschließend steckst du die Teile rechts auf rechts und nähst sie von Markierung zu Markierung zusammen. Lass die Wendeöffnung an der unteren Kante offen.

12 Wende das Innenfutter auf rechts und stecke es so in die Außentasche, dass die Markierungspunkte aufeinanderliegen.

13 Stecke Außen- und Innentasche erst an den Markierungspunkten, dann in den Rundungen aufeinander und nähe sie füßchenbreit zwischen den Markierungen zusammen. Nähe erst die eine Hälfte, dann die andere Seite.

14 Wende die Tasche vorsichtig durch die Wendeöffnung auf rechts. Schlage an der Wendeöffnung die Nahtzugaben nach innen und nähe die Öffnung knappkantig zu.

15 Lege aus dem breiten Satinband eine Schleife und knote sie mit dem schmalen Satinband in der Mitte zusammen. Klebe das Schleifchen mit Textilkleber an deine Oktopustasche. Du kannst es auch annähen. Schneide die Filzteile für das Gesicht aus und klebe sie mit Textilkleber auf.

Schnittmuster-bogen A

Das brauchst du:

- Filzreste, Farben und Muster nach Wunsch
- Stoffreste, Farben und Muster nach Wunsch
- Textilkleber
- Anstecknadel-Rohling, 27 mm lang
- 2 kleine Klammern

1 Schneide mithilfe der Vorlage je zweimal Blatt und Blüten sowie zwei 3 cm x 15 cm große Streifen aus Stoff zu. Falte die Stoffstreifen längs und bügle sie.

2 Schneide aus Filz einen Kreis mit 2,8 cm Durchmesser aus. Mache in eines der Stoffstreifenenden einen Knoten und klebe den Knoten mit Textilkleber mittig auf den Filzkreis. Trocknen lassen.

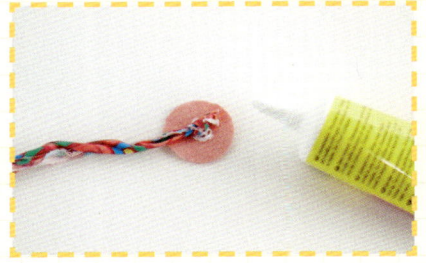

3 Verdrehe den Stoffstreifen längst um sich selbst zu einer Schnur. Lege ihn anschließend zu einer Schnecke um den Knoten und klebe ihn mit Textilkleber auf dem Filzkreis fest.

Mache dasselbe mit dem zweiten Stoffstreifen, sodass der Kreis komplett gefüllt ist. Schneide überstehende Streifenenden ab. Fixiere die geklebte Schnecke mit kleinen Klammern, bis sie getrocknet ist.

4 Lege die Stoffteile für die Blüten und Blätter jeweils links auf links und nähe sie zusammen.

5 Jetzt fügst du alles zu einer Brosche zusammen. Lege das Blatt nach unten. Darauf klebst du mit Textilkleber zunächst das große, dann das kleine Blütenblatt und zuletzt den Schneckenkreis.

6 Zum Schluss nähst du den Anstecknadel-Rohling von Hand auf die Rückseite deiner Brosche.

35

Schicke Schnürsenkel

Das braucht ihr:

• Eaumwollstoff, Farbe und Muster nach Wunsch, 10 cm x 140 cm

1 Schneide zwei 4 cm x 140 cm große Stoffstreifen zu. Lege den Stoff zum Schneiden doppelt, das ist leichter. Falls du statt Baumwollstoff dehnbaren Stoff für die Schnürsenkel nimmst, müssen die Stoffstreifen nur etwa 120 cm lang sein.

2 Zuerst faltest du die Stoffstreifen einmal der Länge nach links auf links und bügelst sie. Falte die Streifen anschließend wieder auseinander.

3 Falte die Außenkanten der Länge nach zur Mittelfalte hin und bügle die Falten. Hierbei hilft dir Mama ein bisschen!

4 Falte die Streifen erneut einmal der Länge nach, sodass die Bruchkanten sauber aufeinanderliegen. Bügle die Falten und fixiere die Streifen mit Stecknadeln.

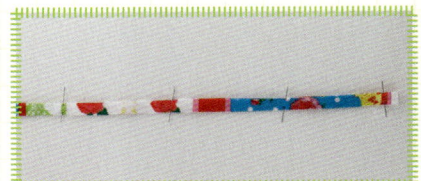

5 Nähe die offenen Seiten knappkantig zu. Anschließend nähst du die andere Längsseite der Schnürsenkel ebenfalls knappkantig ab. Die Enden kannst du offen lassen. Jetzt kannst du deine Schnürsenkel in deine Lieblingsturnschuhe einfädeln.

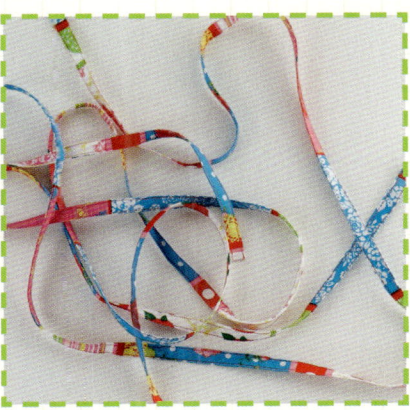

Schnelles Armband

Das braucht ihr:

- Bastelfilz, Farbe nach Wunsch, 2,5 cm x 20 cm
- Webband, Farbe und Muster nach Wunsch, 25 cm lang
- Vliesofix, 3 cm x 20 cm
- Snap in passender Farbe
- Snap-Zange

1 Schneide aus Vliesofix einen 20 cm langen Streifen zurecht, der so breit ist wie dein Webband.

2 Bügle zunächst einmal über das Webband. Manchmal verkürzt es sich durch die Hitze etwas. Jetzt bügelst du die raue Seite des Vliesofix auf die linke Webbandseite. Lass es gut abkühlen.

3 Zieh das Trägerpapier des Vliesofix ab und bügle das Webband mittig auf den Filzstreifen.

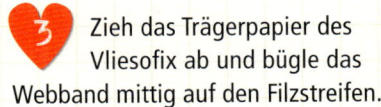
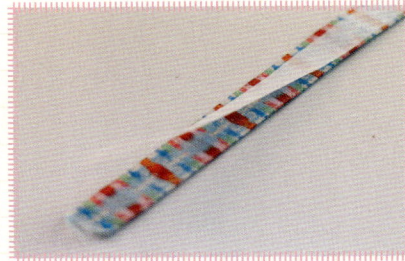

4 Mit der Nähmaschine nähst du nun knappkantig mit geradem Stich entlang der beiden Webbandseiten.

5 Bei diesem Schritt sollte dir Mama helfen. Legt die vier Snaps-Teile sowie die Snaps-Zange zurecht. Schlagt ein Ende des Streifens 1 cm nach innen. Das wird die Oberseite. Hier befestigt ihr einen Snap-Zierknopf.

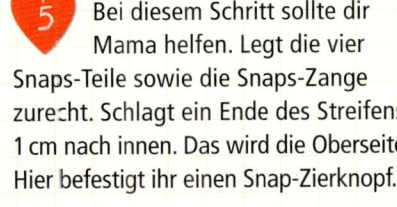
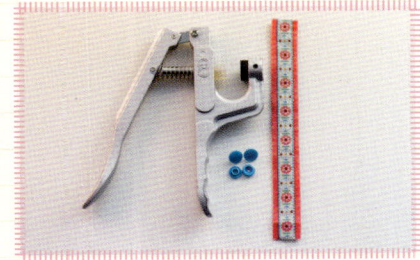
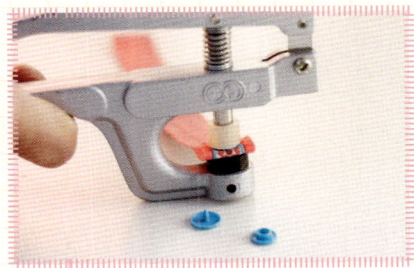

6 Lege dir nun das Armband um den Arm und miss die passende Länge ab. Es sollte weder zu locker noch zu fest sitzen. Markiere die Stelle, an der der zweite Befestigungsknopf sitzen soll, und schneide überstehende Teile deines Armbandstreifens ab. Befestigt das Gegenstück des Snaps am anderen Ende. Schlage dabei das andere Ende nicht nach innen.

Tipp

Die Armbänder sind ein schönes Geschenk für beste Freundinnen!

Das braucht ihr:

- Baumwollstoff, Farbe und Muster nach Wunsch, 20 cm x 45 cm
- Baumwollstoff, Farbe und Muster nach Wunsch, 5 cm x 30 cm
- Volumenvlies H630, 10 cm x 45 cm
- 2 Sicherheitsnadeln oder Wendehaken
- Pyjama-Elastic, 2 cm breit, 15 cm lang

Schnittmuster-bogen A

1 Für dieses schöne Haarband schneidest du mithilfe des Schnittmusters aus Baumwollstoff zweimal das breite Band und zweimal das schmale Band im Stoffbruch zurecht. Lege das Schnittmuster für das breite Band anschließend im Stoffbruch auf das Volumenvlies und schneide daraus einen Streifen zu.

2 Bügle das Volumenvlies nach Herstelleranleitung bei einem der breiten Bänder auf die linke Stoffseite.

3 Lege die beiden Zuschnitte für das breite Band rechts auf rechts aufeinander und stecke sie fest. Nähe die langen Seiten füßchenbreit zusammen. Schneide die Nahtzugabe anschließend knapp zurück.

4 Lege die beiden Zuschnitte für das schmale Band rechts auf rechts aufeinander und stecke sie fest. Nähe sie an den Längsseiten füßchenbreit zusammen. Wende den Streifen mithilfe einer Sicherheitsnadel auf rechts und bügle ihn glatt. Ziehe mithilfe einer Sicherheitsnadel das Pyjama-Elastic in den Tunnel und nähe den Gummi an einer Seite fest.

5 Befestige Sicherheitsnadeln an beiden Enden des Gummizugs. Jetzt ziehst du den Tunnelzug mit der genähten Seite (samt Gummi) durch eine Öffnung des Kopfbandes bis zur anderen Öffnung. Der Tunnelzug sollte nur ein kleines Stück rausschauen. Nähe einmal knappkantig über alle Lagen.

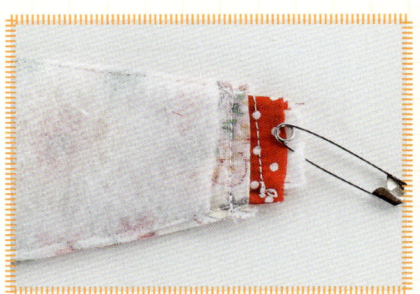

6 Wende das Haarband auf rechts und bügle den breiten Teil. Probiere nun, wie fest dein Haarband sitzen soll. Stecke die Enden des Gummis entsprechend aufeinander und nähe sie am offenen Ende des Tunnelzugs zusammen.

7 Jetzt nähst du den Gummibandzug am Stoff fest. Schlage die Nahtzugaben des breiten Teils nach innen. Stecke das schmale Teil mit dem Gummiband in das breite Band und nähe es an dieser Stelle fest. Fertig ist dein Haarschmuck!

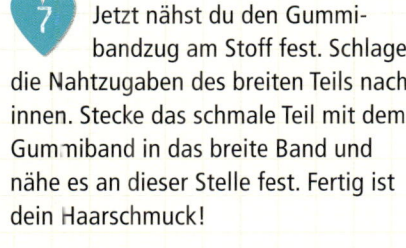

Vögelchen-Geldbörse

Das braucht ihr:

- Baumwollstoff in Gelb-Weiß kariert (Körper), 40 cm x 40 cm
- Baumwollstoff, Farbe und Muster nach Wunsch (Innenfutter), 40 cm x 40 cm
- Baumwollstoff in Blau-Weiß gepunktet mit Blumen (Flügel), 8 cm x 14 cm
- Baumwollstoff in Pink (Schnabel), 4 cm x 4 cm
- halbrunder Taschenverschluss (z. B. „Julia" von Prym), 7,5 cm x 4 cm
- Vl eseline H180, 90 cm x 10 cm
- Textilkleber
- 4 kleine Klammern

1 Schneide mithilfe der Schnittmuster den Körper zweimal aus Oberstoff und zweimal aus Futterstoff, viermal den Flügel und zweimal den Schnabel aus Baumwollstoff zu. Lege dazu du den Stoff jeweils rechts auf rechts, stecke die Schnittmuster auf, zeichne 1 cm Nahtzugabe ein und schneide die Teile aus. Du erhältst so immer je zwei Teile. Lege die Vlieseline doppelt und schneide daraus zwei Körperteile zu.

2 Zeichne jeweils auf die rechte Seite des Oberstoffs das Auge auf. Bügle anschließend an dieser Stelle einen 3 cm x 3 cm großen Vlieselinerest auf die linke Stoffseite. Danach bügelst du die die beiden Vlieselineteile für den Körper auf die linke Stoffseite des

Oberstoffs. Sticke nun mit Zickzackstich (Stichlänge 0,5 mm, Stichbreite 3 mm) entlang der Markierung die Augen auf. Bügle anschließend einmal drüber.

3 Nähe als Nächstes die Stoffteile für den Schnabel zusammen. Wende und bügle sie. Anschließend steckst du die beiden Oberstoffteile rechts auf rechts. Den Schnabel steckst du nach innen zeigend an der Markierung fest.

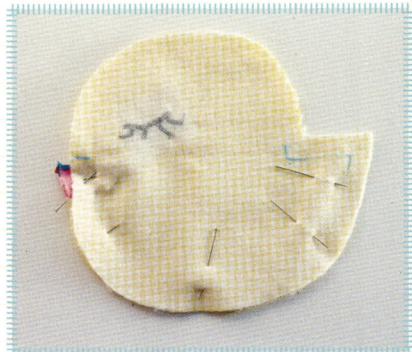

4 Nähe den Oberstoff zwischen den Markierungen füßchenbreit zusammen. Achte darauf, dass du am Schwanz die Ecken sauber arbeitest. Schneide die Nahtzugaben an den Ecken bis kurz vor die Naht schräg ab. Anschließend schneidest du die Nahtzugaben bis auf 3 mm zurück.

Weiter geht es auf Seite 44.

5 Die Futterstoffteile nähst du wie in Schritt 3 und 4 beschrieben zusammen, nur ohne Schnabel. Lass an den Markierungen eine Öffnung zum Wenden.

6 Stecke das Futterteil an der Kopfrundung rechts auf rechts auf den Oberstoff und nähe die Teile zwischen den Markierungen zusammen. Wiederhole das Ganze auf der anderen Seite.

7 Schneide die Nahtzugaben bis auf 3 mm zurück und wende das Vögelchen durch die Wendeöffnung. Schiebe das Futter vor allem in den Ecken ordentlich in den Oberstoff. Schlage die Nahtzugaben an der Wendeöffnung nach innen und nähe die Naht knappkantig zu.

8 Stecke je zwei Flügelteile rechts auf rechts und nähe sie füßchenbreit zusammen. Lass an den Markierungen eine Öffnung zum Wenden. Schneide danach die Nahtzugaben bis auf 3 mm zurück. Danach wendest du die Flügel, schlägst die Nahtzugaben nach innen und nähst die Wendeöffnungen von Hand zu. Bügle zum Schluss die Flügel.

9 Jetzt klebst du das Vögelchen mit Textilkleber in den Geldbörsengriff. Fixiere die Klebestelle mit kleinen Klammern, bis der Kleber getrocknet ist.

10 Zum Schluss nähst du die Flügel auf beiden Seiten mit einigen Stichen von Hand an.

Gürtel nach Maß

Tipp

Falls du einen breiteren Gürtel haben möchtest, nimmst du die gewünschte Breite doppelt, fügst noch 1 cm Nahtzugabe hinzu und schneidest den Stoff in dieser Breite zu. Die Länge bleibt 90 cm.

Das braucht ihr:

- Baumwollstoff, Farbe und Muster nach Wunsch, 7 cm x 90 cm (inklusive 0,5 cm Nahtzugabe)
- Vlieseline H250, 7 cm x 90 cm
- 2 D-Ringe, 30 mm

1 Bügle die Vlieseline nach Herstelleranleitung auf die linke Stoffseite.

2 Probiere, ob die Länge des Gürtels passt. Der Stoffstreifen sollte einmal um deinen Bauch reichen und dann noch ca. 15 cm überstehen. Ist er zu lang, schneidest du einfach ein Stück ab.

3 Bügle die kurzen Seiten des Streifens 0,5 cm nach innen um. Anschließend legst du den Stoffstreifen einmal längs links auf links und bügelst ihn. Falte den Streifen wieder auseinander.

4 Bügle die beiden Längsseiten 0,5 cm nach links um. Dabei hilft dir deine Mama.

5 Lege die eingebügelten Außenkanten aufeinander, sodass ein 3 cm breiter Streifen entsteht. Stecke die offene Seite mit Nadeln zusammen. Achte darauf, dass die beiden Kanten exakt aufeinanderliegen. Auch hierbei kann dir deine Mama helfen.

6 Nähe alle Seiten rings um den Streifen knappkantig ab. Anschließend ziehst du an einem Ende zwei D-Ringe auf.

7 Lege das Gürtelende zu einer ca. 4 cm langen Schlaufe nach innen und nähe es an der schmalen Kante am Gürtel an. Nähe anschließend mit 0,5 cm Abstand von der ersten Naht noch eine zweite Naht zum Fixieren der Ringe.

Tipp

Der Gürtel ist ein tolles Geschenk für deine Freundinnen. Oder Mama näht sich auch einen und ihr geht im Partnerlook.

PALAST

- Baumwollstoff in Hellblau kariert, 20 cm x 30 cm
- Bastelfilzreste in Gelb, Hellgrün, Zartrosa und Rosa
- Stickgarn in Schwarz und Rot
- Sticknadel
- Textilkleber
- Schrägband in Gelb mit Rüsche, 15 cm lang
- dünne Kordelschnur in Grün
- Perlen nach Wunsch
- Schlüsselring
- Bleistift

Schnittmuster-bogen A

1 Schneide mithilfe der Vorlagen alle Teile für den Kopf aus Bastelfilz zu und klebe sie mit Textilkleber zusammen. Zeichne mit einem Bleistift Augen und Mund auf. Dann stickst du von Hand die Augen mit schwarzem und den Mund mit rotem Stickgarn auf.

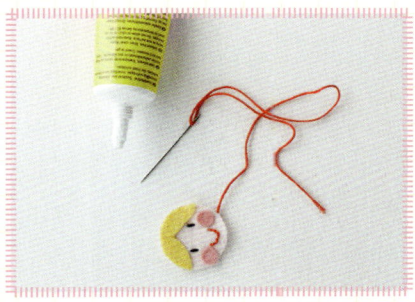

2 Schneide den Körper viermal zu. Lege je zwei Teile rechts auf rechts und stecke sie fest. Nähe die Teile knappkantig zusammen. Lass dabei eine 3 cm lange Wende-öffnung in der rechten Seite.

3 Wende die Körperteile auf rechts. Drücke mit der Rückseite des Bleistifts die Nähte an den Rundungen in Form und bügle sie flach.

4 Schneide den Kragen einmal aus Bastelfilz zu und klebe ihn auf. Stecke das Schrägband auf beiden Seiten jeweils am unteren Rand fest und nähe es an.

5 Lege die Körperteile rechts auf rechts (Kragen und Schrägband liegen innen) und stecke sie mit Stecknadeln fest. Nähe die Teile knappkantig zusammen. Lass die Öffnung unten und das Stück zwischen den Markierungen offen. Wende die Matroschka auf rechts. Drücke mit dem Bleistiftende die Rundungen in Form und bügle die Nähte glatt.

6 Jetzt klebst du das Gesicht mit Textilkleber auf. Fädle anschließend Stickgarn in deine Sticknadel, lass

beide Enden lang hängen und verknote sie. Dann fädelst du einige Perlen auf die Nadel. Zieh die Perlenschnur mithilfe der Sticknadel durch die Öffnung am Kopf in das Innere der Matroschka bis zur unteren Öffnung.

7 Knote zum Schluss den Schlüsselring an das untere Schnurende und fertig ist dein schöner Schlüsselanhänger.

Schöner Sportbeutel

Das braucht ihr:

- Baumwollstoff in Blau-Weiß mit Sternchen, 50 cm x 85 cm
- Baumwollstoff in Rosa mit Blumen, 85 cm x 85 cm
- Webband oder Samtband, 1 cm breit, 2 x 35 cm und 2 x 8 cm lang
- Anorakkordel, 2 x 1,5 m lang

1 Schneide aus dem blau-weißen Stoff zwei 18 cm x 35 cm große Rechtecke und aus dem rosa Stoff zwei 32 cm x 35 cm große Rechtecke zurecht. Stecke je ein kleines und ein großes Rechteck an einer 35 cm langen Kante rechts auf rechts aufeinander und nähe füßchenbreit entlang der Kante. Bügle die Naht aus.

2 Stecke Webband oder Samtband auf die Naht und nähe es an beiden Rändern knappkantig auf. Versäubere die Kanten der beiden Turnbeutelteile ringsherum mit Zickzackstich.

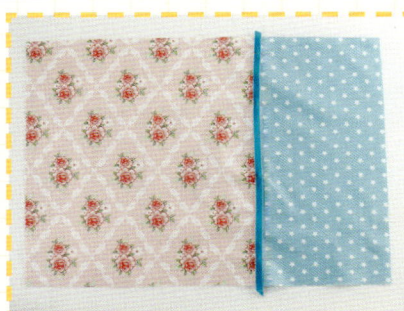

3 Lege die beiden 8 cm langen Stücke Webband doppelt. Stecke die beiden Schlaufen nach innen zeigend an der linken und rechten Stoffkante der Turnbeutelrückseite 2 cm vom unteren Rand entfernt fest.

4 Bügle die oberen Kanten der beiden Beutelteile 1 cm nach links um und dann noch mal 2,5 cm. Stecke die Umschläge fest. Die Enden schlägst du rechts und links ca. 0,5 cm ein. Anschließend nähst du den Tunnel knappkantig an.

5 Jetzt kannst du die Seitennähte schließen. Stecke dazu beide Stoffteile rechts auf rechts zusammen. Achte darauf, dass die Webbandschlaufen innen und die Quernähte aufeinanderliegen. Nähe nun die beiden Seiten und den Boden füßchenbreit ab. Beginne und ende unterhalb des Tunnelzugs.

6 Wende den Turnbeutel auf rechts. Fädle ein Stück Anorakkordel mithilfe einer Sicherheitsnadel durch die Schlaufe am Turnbeutelboden, ziehe sie anschließend durch einen Tunnel hin und durch den anderen Tunnel zurück und wieder hinunter zur Schlaufe. Wiederhole dasselbe mit dem zweiten Kordelstück auf der anderen Seite. Verknote zum Schluss die Kordelenden miteinander.

Blumige Handytasche

Das braucht ihr:

- Baumwollstoff in Pink kariert (Außenstoff), 12 cm x 35 cm
- Baumwollstoff in Rosa geblümt (Innenstoff), 12 cm x 35 cm
- Baumwollstoffrest in Grün (Blätter und Stängel)

- Baumwollstoff in Gelb-Weiß gepunktet (Träger und Blütenblätter), 4 cm x 115 cm und 50 cm x 50 cm
- Baumwollstoff in Rosa-Weiß geblümt (Blütenblätter), 50 cm x 50 cm
- Vlieseline H180, 12 cm x 35 cm

- Vliesofix, 20 cm x 10 cm
- Perle
- Snap in passender Farbe
- Snap-Zange

Schnittmuster-bogen A

1 Schneide die pink karierten Stoffteile für den Beutel im Stoffbruch zu. Übertrage die Blätter und den Stängel mithilfe des Schnittmusters auf Vliesofix und bügle das Vliesofix auf die linke Stoffseite des grünen Stoffs.

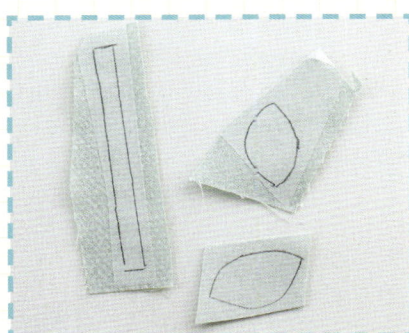

3 Bügle die Vlieseline nach Herstelleranleitung auf die linke Stoffseite des Außenstoffs.

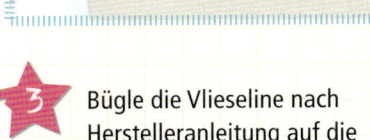

4 Falte für den Träger den 4 cm x 115 cm langen Stoffstreifen längs zur Hälfte und bügle ihn. Klappe den Streifen auseinander und bügle die beiden Außenkanten zur Mittellinie.

2 Schneide die Blätter und den Stängel aus, entferne das Träger-papier und bügle die Blumenteile auf die rechte Stoffseite des Außenstoffs. Lass den Außenstoff dabei noch im Stoffbruch liegen und setze den Stängel unten im Bruch an. Nähe anschließend mit der Nähmaschine die Blätter und den Stängel knappkantig an. Achte darauf, dass der Stoff dabei nicht mehr doppelt liegt.

Weiter geht es auf Seite 54.

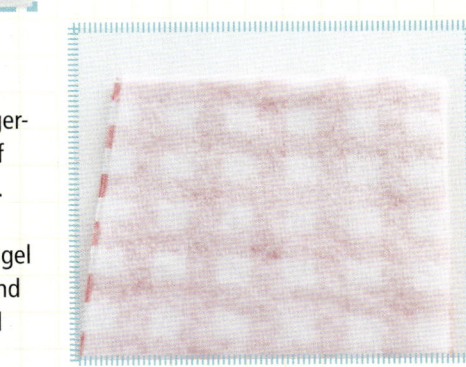

5 Falte die Außenkanten des Streifens erneut längs aufeinander und fixiere sie mit Stecknadeln. Nähe die offene Seite knappkantig ab und fertig ist dein Träger.

6 Lege Innen- und Außenstoff des Täschchens rechts auf rechts aufeinander. Fixiere die kurzen Seiten mit Stecknadeln und nähe sie zusammen. Bügle die Nahtzugabe in Richtung Außenstoff.

7 Stecke den Träger wie auf dem 1. Foto gezeigt auf der rechten Stoffseite der Vorderseite fest. Stecke den langen Träger mit Stecknadeln an dem Vorderseite fest, damit er beim Nähen nicht verrutscht (2. Foto).

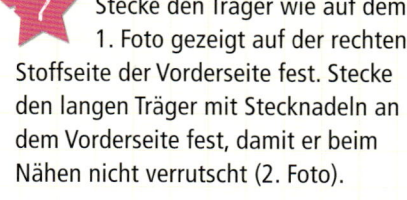

8 Lege nun Außenstoff auf Außenstoff und Innenstoff auf Innenstoff (rechts auf rechts) und fixiere die langen Seiten mit Stecknadeln. Achte darauf, dass die Ecken und die Mittelnaht genau aufeinanderliegen. Nähe die Seiten zu, lass im Innenfutter eine 5 cm lange Wendeöffnung.

9 Wende das Täschchen durch die Wendeöffnung. Nähe die Öffnung mit der Nähmaschine knappkantig zu. Anschließend bügelst du alles schön glatt.

10 Zeichne für die Blüte je drei Stoffkreise mit 6,5 cm Durchmesser auf den gelb-weiß gepunkteten und den rosa-weiß geblümten Stoff und schneide sie aus.

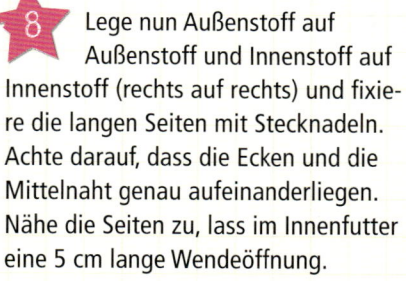

11 Falte die Stoffkreise zur Hälfte. Anschließend nähst du von Hand mit breiten Stichen entlang der Rundung.

12 Am Ende angekommen, ziehst du vorsichtig an dem Faden, sodass sich ein Blütenblatt formt, Stich mit der Nadel mehrmals durch den gerüschten Teil und verknote den Faden.

14 Zum Schluss fädelst du die Perle auf. Stich dazu mit Nadel und Faden einige Male durch das Loch und zieh den Faden straff. Verknote zum Schluss den Faden.

16 Zum Schluss kannst du als Verschluss einen Snap mit etwa 4 cm Abstand zur Taschenöffnung hinter die Blüte befestigen. Und jetzt kann dein Handy in sein neues Zuhause einziehen.

13 Hast du alle Blütenblätter auf diese Art und Weise angefertigt, setzt du sie zu einer Blüte zusammen. Dafür stichst du mit der Nähnadel durch den gerüschten Teil des ersten Blütenblatts und nähst dann alle Blüten an dieser Stelle zusammen.

15 Jetzt kannst du die Blüte von Hand oberhalb des Stängels auf der Handytaschenvorderseite festnähen. Stich dazu mit der Nadel zuerst von hinten durch Stoff und Blüte und führe die Nadel 1–2 mm neben der Ausstichstelle wieder durch beide Lagen nach hinten. Wiederhole das Ganze etwa fünfmal.

Schicke Spielstücke

♥

Kuschelmonster

Supergirl

Hüpfspiel

Feenstab

Reise-Tic-Tac-Toe

Filzpüppchen

Kuschelmonster

Das brauchst du:

- Frotteestoff, Farbe nach Wunsch 20 cm x 25 cm
- Bastelfilz in Weiß und Schwarz, je 15 cm x 20 cm
- 500 g Dinkelkörner
- Textilkleber

Schnittmuster-bogen B

1 Lege den Frotteestoff doppelt und stecke das Schnittmuster darauf.

2 Schneide den Monsterkörper mit 1 cm Nahtzugabe zu. Zeichne die Markierung für die Wendeöffnung ein. Schneide Augen, Mund und Zähne aus Bastelfilz mithilfe der Vorlage aus.

3 Stecke die beiden Monsterkörperteile rechts auf rechts aufeinander und nähe die Kanten zusammen. Lass die Wendeöffnung offen. Schneide die Nahtzugaben knapp zurück und wende dein Monster.

4 Klebe Augen, Mund und Zähne mit Textilkleber auf und lass den Kleber gut trocknen.

5 Jetzt kannst du dein Monster mit Dinkelkörnern schön prall füllen. Schließe die Wendeöffnung sorgfältig von Hand, damit später keine Körner herauskullern.

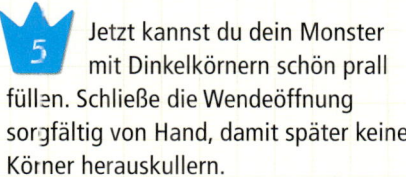

Tipp

In der Mikrowelle kannst du dein Monster ca. 45–60 Sekunden erhitzen und du hast ein kuscheliges Wärmemonster.

- Baumwollstoff in Gelb (Haare und Stern), 20 cm x 35 cm, in Blau (Arme und Beine), 20 cm x 40 cm, und in Rosa (Gesicht), 25 cm x 50 cm
- Baumwollstoff in Blau-Weiß-Rosa geblümt (Umhang), 50 cm x 60 cm

- Baumwollstoff in Rosa mit Sternchen (Brille), 10 cm x 23 cm
- Nickistoff in Hellblau (Körper), 25 x 50 cm
- Webband, 1,5 cm breit, 2 x 25 cm lang
- Filzreste in Schwarz, Rot und Rosa

- Filz in Rosa, 10 cm x 23 cm
- Vliesofix, 50 cm x 50 cm
- Gummiband, 1 cm breit, 8 cm lang
- Snap in passender Farbe
- Snap-Zange
- Füllwatte

Schnittmuster-bogen B

1 Schneide zweimal den Kopf und zweimal den Körper von Super-girl mithilfe der Vorlage aus. Zeichne die Haare mithilfe der Vorlage auf Vliesofix auf und bügle sie auf die linke Seite des gelben Stoffs. Schneide die Haare aus, zieh das Trägerpapier ab und bügle sie auf die Vorder- und Rückseite des Kopfs auf. Nähe sie anschließend mit Zickzackstich an den Kanten fest.

2 Zeichne die Vorlage für die Zöpfe zweimal auf Vliesofix. Bügle das Vliesofix anschließend auf den gelben Stoff und schneide die Zöpfe aus. Zieh das Trägerpapier ab, lege die Klebeseite auf die linke Stoffseite des gelben Stoffs und bügle darüber. Schneide die Zöpfe aus. Jetzt hast du einen Zopf für rechts und einen für links.

3 Zeichne Augen, Mund und Bäckchen je zweimal auf Vliesofix. Bügle die Teile anschließend auf den jeweils farblich passenden Filz und schneide sie aus. Zieh das Träger-papier an allen Teilen ab und bügle das Gesicht auf.

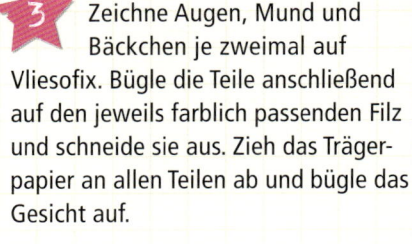

4 Stecke den Körper an der Halsnaht rechts auf rechts auf den Kopf und nähe auf der Vorder- und Rückseite von Supergirl zunächst nur die Halsnaht.

5 Jetzt kommen Arme und Beine dran. Dafür legst du den Stoff doppelt, steckst das Schnittmuster jeweils auf und schneidest die Teile mit 1 cm Nahtzugabe aus. Lass das Schnittmuster stecken und nähe Arme und Beine an den Seiten und der Rundung zusammen. Die Schmalseite oben bleibt jeweils offen.

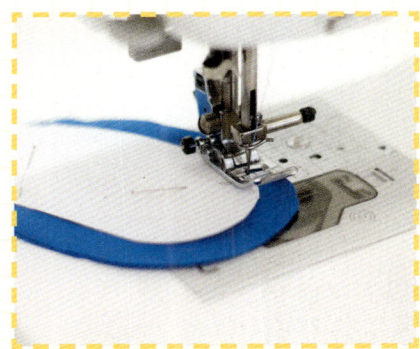

Weiter geht es auf Seite 62.

6 Schneide die Nahtzugaben an den Rundungen von Armen und Beinen auf 2–3 mm zurück.

7 Stopfe die Arme und Beine mit Füllwatte aus und nähe anschließend die Öffnung knappkantig zu.

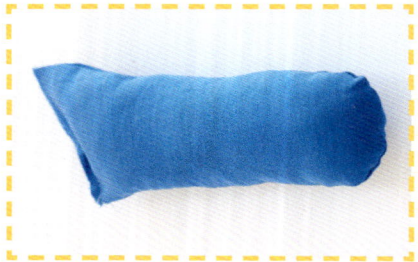

8 Jetzt steckst du den Körper zusammen. Lege zunächst die Körpervorderseite mit der rechten Seite nach oben vor dich hin. Dann steckst du Arme und Beine mit den schmalen Kanten an den entsprechenden Markierungen fest. Achte darauf, dass Arme und Beine nach innen zeigen und auf der Körpervorderseite liegen. Stecke anschließend die Zöpfe an der Markierung auf dem Vorderteil fest. Achte auch hier darauf, dass die Zöpfe nach innen liegen.

9 Lege nun das Rückteil rechts auf rechts darüber und stecke es an den Kanten fest. Nähe die Kanten einmal rundherum zusammen. Lass eine Wendeöffnung unter dem rechten Arm frei.

10 Wende das Supergirl durch die Wendeöffnung auf rechts. Dann kannst du es prall mit Füllwatte ausstopfen. Nähe die Wendeöffnung von Hand zu.

11 Für die Supergirl-Brille zeichnest du die Vorlage einmal richtig und einmal an der Bruchlinie gespiegelt auf Vliesofix und bügelst sie dann auf den Sternchenstoff. Schneide die Brille aus, zieh das Trägerpapier ab und bügle sie mit der Klebeseite auf einen rosa Filzstreifen. Schneide die Brille anschließend aus.

12 Lege das Gummiband auf die Sternchen-Seite der Brille und nähe es am linken und rechten Rand mit der Nähmaschine an.

13 Lege den Stoff für den Umhang doppelt und schneide den Umhang zweimal mithilfe des Schnittmusters im Stoffbruch aus. Lege die beiden Webband-Streifen doppelt und stecke die Schlaufen nach innen liegend an die oberen Ecken auf die rechte Stoffseite eines Umhangstücks. Stecke danach die Umhangteile rechts auf rechts aufeinander und nähe sie an den Kanten einmal ringsherum zusammen. Lass oben am Hals eine Wendeöffnung.

14 Schneide die Nahtzugaben des Umhangs an den Ecken knapp zurück. Wende den Umhang auf rechts und nähe die Wendeöffnung mit der Hand zu.

15 Jetzt befestigst du noch mit der Snap-Zange einen Snap-Verschluss an den Webbandenden und schon kann dein Supergirl zu seinem ersten Einsatz starten!

Hüpfspiel

Das braucht ihr:

- 8 Baumwollstoffe, Farben und Muster nach Wunsch (Quadrate Vorderseite), je 37 cm x 37 cm
- 8 Baumwollstoffe, Farben und Muster nach Wunsch (Zahlen), je 22 cm x 15 cm
- Baumwollstoff, Farbe und Muster nach Wunsch (Unterseite), 75 cm x 210 cm
- Vliesofix, 50 cm x 70 cm
- Vlieseline H630, 150 cm

Schnittmuster-bogen B

1 Zeichne die Zahlenvorlagen spiegelverkehrt auf das Vliesofix. Schneide sie grob aus, lege die Zahlen mit der Klebefläche auf die linke Stoffseite der Zahlenstoffe und bügle sie nach Anleitung auf.

2 Jetzt schneidest du die acht Zahlen sauber aus, ziehst das Trägerpapier ab und bügelst die Zahlen jeweils mittig auf die acht gewünschten Stoffquadrate.

3 Umrande alle Zahlen mit Zickzackstich (Stichlänge 0,5 mm, Stichbreite 2,5–3 mm).

4 Schneide acht 37 cm x 37 cm große Quadrate aus Vlieseline zu und bügle sie nach Herstelleranleitung auf die linke Seite der Stoffquadrate mit den Zahlen.

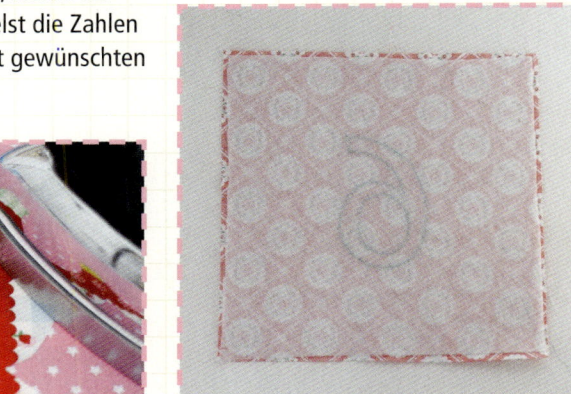

5 Stecke nun folgende Quadrate rechts auf rechts aufeinander: 1 und 2, 3 und 4, 5 und 6 sowie 7 und 8. Dazu steckst du die Unterkante der 2 und die Oberkante der 1 sowie die Unterkante der 6 und die Oberkante der 5 rechts auf rechts aufeinander. Dann steckst du die rechte Seite der 3 und die linke Seite der 4 rechts auf rechts aufeinander. Dasselbe machst du mit der rechten Seite der 7 und der linken Seite der 8.

Weiter geht es auf Seite 66.

6 Anschließend nähst du die obere Seite der 2 mittig an die untere Seite des Stücks mit der 3 und der 4 und die obere Seite der 6 mittig an die untere Seite des Stücks mit der 7 und der 8. Danach verbindest du die Unterkante der 5 mit der Oberkante des Stücks mit der 3 und 4. Lege die Teile beim Nähen immer rechts auf rechts.

7 Bügle alle Nähte auseinander. Anschließend legst du dein Hüpfspiel rechts auf rechts auf den Unterstoff. Stecke es fest und schneide es ringsum einmal auf dem Unterstoff aus. Stecke die Stofflagen in der Mitte eines jeden Stoffquadrates mit einigen Extranadeln zusammen, damit dir dieses große Meisterwerk beim Nähen nicht verrutscht.

8 Nähe nun an den Kanten einmal ringsherum. Lass unten bei dem Quadrat mit der 1 eine Wendeöffnung von 13 cm. Schneide die Nahtzugaben knapp zurück.

Die äußeren Ecken schneidest du schräg ab, die inneren Ecken knipst du bis kurz vor die Naht vorsichtig ein.

9 Wende das Spiel durch die Wendeöffnung und drücke alle Ecken mit einem Kochlöffelstiel gut heraus. Dann bügelst du dein Spiel. Nähe anschließend die Wendeöffnung von Hand zu.

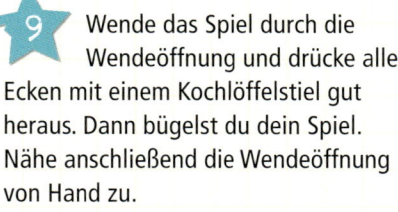

10 Zuletzt nähst du mit der Nähmaschine einmal durch den Nahtschatten der Quadrate, um Vorder- und Rückseite miteinander zu verbinden. So verrutscht beim Hüpfen nichts. Auf die Plätze, fertig, loshüpfen!

Tipp

Wenn du dir einen Wurfbeutel dazu nähen möchtest, schneidest du einfach zwei 12 cm x 12 cm große Stoffquadrate steckst sie rechts auf rechts zusammen und nähst sie ringsherum. Lass nur eine 4 cm lange Wendeöffnung. Wende dein Säckchen auf rechts, fülle es mit Reis oder Getreidekörnern und näh die Wendeöffnung von Hand zu. Fertig zum Werfen!

XXXX

FeenStab

Das brauchst du:

- Bastelfilz in Rosa, 25 cm x 50 cm
- 2 Baumwollstoffe, Farben und Muster nach Wunsch, je 40 cm x 16 cm
- Vliesofix, 30 cm x 30 cm
- 1 Handvoll Füllwatte
- Rundholzstab, ø 1 cm, 40 cm lang
- Masking Tape in Rosa

Schnittmuster-bogen A

1 Zuerst schneidest du den großen Stern mithilfe der Vorlage zweimal aus rosa Bastelfilz zu. Zeichne anschließend der mittleren und den kleinen Stern jeweils zweimal auf Vliesofix. Bügle dann die kleinen Sterne gemäß Herstelleranleitung auf die linke Stoffseite des einen Baumwollstoffs, die mittleren Sterne auf die linke Seite des anderen Baumwollstoffs. Schneide die Sterne sorgfältig aus und entferne das Trägerpapier.

2 Jetzt bügelst du zunächst den mittleren Stern auf den großen Filzstern, dann darauf den kleinen Stern. Mit den anderen drei Sternen machst du es genauso. Wenn du möchtest, kannst du mit der Nähmaschine mit geradem Stich über die Kanten des mittleren und des kleineren Sterns nähen. Sie halten aber auch so ganz prima.

4 Fülle den Stern durch die Wendeöffnung mit Füllwatte. Schiebe anschließend den Holzstab durch die Öffnung bis zur Mitte des Sterns und näh die Öffnung von Hand zu.

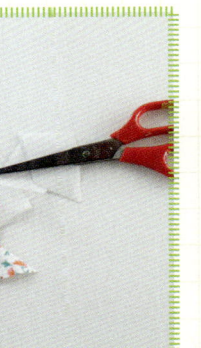

3 Stecke jetzt die beiden Sternenpäckchen links auf links aufeinander. Anschließend nähst du die Kanten mit der Nähmaschine mit 0,5 cm Nahtzugabe ringsherum zusammen. Lass eine Öffnung zum Wenden offen.

5 Beklebe zum Schluss den Holzstab mit Masking Tape.

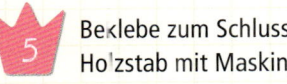

Reise-Tic-Tac-Toe

Tic Tac Toe

- Baumwollstoff in Rosa-Weiß kariert, 30 cm x 70 cm
- Webband in Pink mit Blümchen, 1,5 cm breit, 110 cm lang

- vorgefalztes Schrägband in Blau, 3,5 cm breit, 80 cm lang
- Vliesofix, 5 cm x 50 cm
- Vlieseline, 25 cm x 50 cm
- 10 Knöpfe, je 5 pro Farbe

Säckchen

- Baumwollstoff in Rosa-Weiß kariert, 15 cm x 22 cm
- Webband, 1,5 cm breit, 20 cm lang
- vorgefalztes Schrägband in Blau, 3,5 cm breit, 20 cm lang
- Satinband in Rosa 6 mm breit, 25 cm lang

Tic Tac Toe

1 Zuerst schneidest du aus dem karierten Baumwollstoff zwei 20 cm x 20 cm große Quadrate zurecht. Aus Vlieseline schneidest du ebenfalls zwei 20 cm x 20 cm große Quadrate zu und bügelst sie dann nach Herstelleranleitung auf die linke Stoffseite der Baumwollquadrate.

2 Schneide das Webband in vier 24 cm lange Stücke. Schneide vier 1,5 cm breite und je 22 cm lange Streifen aus Vliesofix zu.

3 Jetzt bügelst du zunächst leicht über deine Webbandstreifen. Oft laufen sie dabei etwas ein. Lege anschließend die raue Seite des Vliesofix auf die linke Seite der Webband-Stücke und bügle das Vliesofix auf.

4 Zieh das Trägerpapier des Vliesofix ab und bügle die Streifen auf die rechte Seite des einen karierten Stoffquadrats. Bügle dazu zwei Webbänder im Abstand von je 6 cm zueinander und gleichem Abstand zu den Kanten des Quadrats auf. Nähe anschließend die Ränder der Webbänder knappkantig mit der Nähmaschine fest.

5 Bügle nun die beiden anderen Webband-Stücke im rechten Winkel zu den ersten beiden Streifen ebenfalls mit je 6 cm Abstand zueinander und gleichem Abstand zu den beiden Kanten auf. Nähe sie knappkantig fest.

6 Lege die beiden Baumwollquadrate links auf links aufeinander, fixiere sie mit Stecknadeln und nähe sie an den Rändern knappkantig zusammen.

7 Schneide das Schrägband in vier 20 cm lange Streifen. Stecke die Stücke um die Stoffkanten und nähe sie knappkantig am Schrägbandrand entlang fest. Nähe zuerst die linke und die rechte Seite, dann oben und unten.

Weiter geht es auf Seite 72.

Säckchen

1 Schneide aus dem karierten Stoff ein 14 cm x 19 cm großes Rechteck zu. Schneide 21 cm Webband und einen 1,5 cm x 20 cm langen Streifen Vliesofix zurecht. Bügle das Vliesofix wie beim Tic Tac Toe in Schritt 3 beschrieben auf das Webband.

2 Bügle das Webband auf das untere Drittel der rechten Stoffseite und nähe es fest. Schneide einen 19 cm langen Streifen Schrägband zu, lege ihn um die Oberkante des Stoffs, stecke ihn fest und nähe ihn an.

3 Falte nun dein Viereck rechts auf rechts (die kurzen Seiten aufeinander) und stecke die Kanten am Boden und der Seite zusammen. Schließe Boden- und Seitennähte mit einer Nahtzugabe von 0,5 cm. Bügle dein Säckchen, dann kannst du die Knöpfe hineinfüllen und es mit einem Satinband schließen.

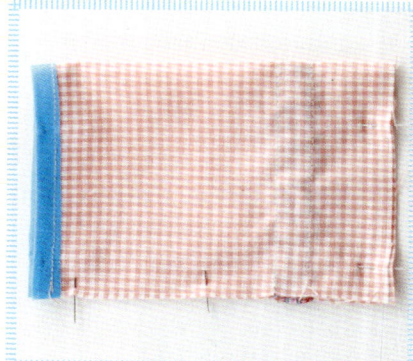

Spielregeln

Deine Mama und du legt abwechselnd einen Knopf. Diejenige, die als Erste drei Knöpfe senkrecht, waagerecht oder diagonal in einer Reihe hat, hat gewonnen.

Das brauchst du:

- Bastelfilz in Hautfarbe
- Stickgarn in Blau, Rot und Gelb
- Stoffreste, je 10 cm x 10 cm
- Füllwatte

- Satinband, 3 mm breit, 15 cm lang
- sp tze Sticknadel
- Nähnadel und Nähgarn
- Trickmarker oder Bleistift

Schnittmuster-bogen A

1 Für diese kleinen Püppchen schneidest du mithilfe der Vorlage zunächst zweimal das Körperteil aus hautfarbenem Filz zu. Nähe beide Teile knappkantig mit der Nähmaschine entlang der Rundung zusammen, die gerade Seite unten bleibt offen. Wende den Körper auf rechts.

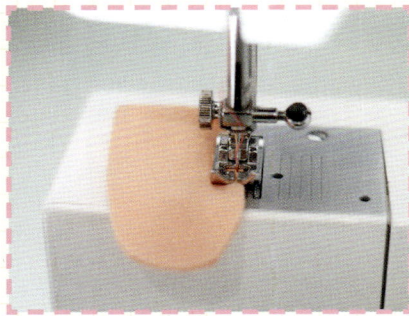

2 Jetzt stickst du das Gesicht auf. Sticke zuerst die Augen mit blauem Stickgarn, dann stickst du Nase und Mund mit rotem Stickgarn auf. Du kannst dir das Gesicht vorher mit Trickmarker oder Bleistift aufzeichnen.

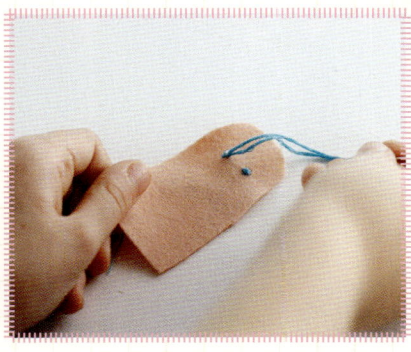

3 Für die Haare umnähst du die Kopfrundung mit gelbem Stickgarn. Dafür stichst du immer ca. 4 mm unter der Kopfkante durch den Puppenkopf, bis du eine Frisur deiner Wahl gestickt hast. Für die Zöpfe stichst du mit der Sticknadel und doppeltem Faden links und rechts einige Male in großen Schlaufen durch den Kopf. Schneide die Haare danach auf 3 cm zurecht. Die Zöpfe kannst du anschließend mit einem Stück Satinband zusammenknoten.

4 Schneide ein 5,5 cm x 10 cm großes Stück Stoff zu. Falte dazu den Stoff quer. Genau an der Kante ist die Mitte. Lege die Mitte unter die Mitte des Gesichts, wickle den Rest des Stoffes um deine Puppe und stecke das Ganze mit zwei oder drei Nadeln fest.

Jetzt nähst du den Stoff an der oberen Kante von Hand mit Nähnadel und Nähgarn an den Kopf an.

5 Fülle deine Puppe mit Füllwatte. Drücke sie anschließend am unteren Ende zusammen und nähe die Öffnung mit der Nähmaschine zu.

Mädchenzimmer ♥

Jeans-Utensilo

Flauschige Kuscheldecke

Sehr bunter Sitzsack

Haarspangenhalter

Wimpelkette

Spielzeug-Ordnungshüter

Federmappen-Fräulein

Little Miss Wölkchen

Gepimpte Pinnwand

Blumenkissen

Jeans-Utensilo

Das brauchst du:

- alte Stoff- oder Jeanshose in Kindergröße
- Zackenlitze, 1 cm breit, 40 cm lang
- Webbänder, 1,5 cm breit, 40 cm lang
- Pomponband, 40 cm lang

- Stoffreste, Farben und Muster nach Wunsch
- Knopf
- leere, saubere Konservendose, ø 7,5 cm, 11 cm hoch

1 Schneide ein etwa 20–30 cm langes Stück von einem Hosenbein ab. Wende es auf links und nähe die Schnittkante zu.

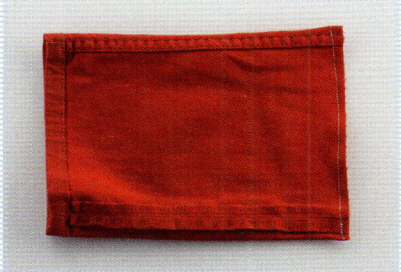

2 Jetzt ziehst du die Bodennaht auseinander und legst sie flach auf die Seitennaht. Zeichne im Abstand von 5 cm von den beiden Spitzen jeweils eine Linie mit Schneiderkreide ein. Nähe entlang der Linie. Schneide anschließend die Spitzen ab.

3 Stecke ein Stück Pomponband sowie Webband oder eine Zackenlitze rund um die Öffnung an die von dir gewünscht Stelle. Näh die Bänder mit der Nähmaschine fest.

4 Wende dein Utensilo und schlage den Rand mit den Bändern um.

5 Für die Dekoration schneidest du jetzt noch aus Stoffresten unterschiedlich große Kreise zurecht, legst sie der Größe nach aufeinander und nähst sie mit einem Knopf in der Mitte zusammen. Das Ganze nähst du nun mit wenigen Stichen an deinem Utensilo fest. Stelle zum Schluss eine leere, saubere Konservendose in dein Utensilo und schon hast du einen hübschen Stiftehalter für deinen Schreibtisch.

Tipp

Wenn du alte Jeans von Erwachsenen verwendest, fallen deine Utensilos entsprechend größer aus. Evtl. brauchst du dann auch größere Konservendosen.

79

Mama hilft ein bisschen

- Fleecestoff in Blau mit Sternchen, 150 cm x 200 cm
- 2 Baumwollstoffe, Farben und Muster nach Wunsch, je 18 cm x 150 cm
- 2 Baumwollstoffe, Farben und Muster nach Wunsch, je 18 cm x 150 cm und 18 cm x 50 cm

1 Die kuschelige Fleecedecke wird mit bunten Baumwollstreifen eingesäumt. Dazu brauchst du je zwei 150 cm und 200 cm lange Stoffstreifen. Da Stoff in der Regel 150 cm breit liegt, nähst du zunächst die 18 cm x 150 cm und die 18 cm x 50 cm langen Streifen an den schmalen Kanten zu je einem 18 cm x 200 cm langen Streifen zusammen. Lege dazu je ein 50 cm und ein 150 cm langes Stück desselben Stoffs an den 18 cm langen Kanten rechts auf rechts aufeinander und nähe die Stücke zusammen. Bügle die Naht aus.

2 Bügle die Baumwollstreifen der Länge nach links auf links. Bügle anschließend bei allen Streifen eine Längsseite 1 cm nach links um.

3 Zeichne auf die rechte Seite der Fleecedecke mit Schneiderkreide eine Linie mit 7 cm Abstand zu allen Kanten ein. Stecke einen 200 cm langen Streifen rechts auf rechts an einer langen Seite der Fleecedecke entlang der Linie fest. Dabei liegt die ungebügelte Kante des Streifens auf der eingezeichneten Linie, der Rest des Streifens zeigt zur Deckenmitte. Nähe den Streifen füßchenbreit an.

4 Lege nun den Baumwollstreifen zum Fleecedeckenrand um und bügle die Naht. Die 1 cm eingebügelte Kante legst du nun auf die andere Seite des Fleece. Stecke sie 2 mm über der vorhandenen Naht fest und nähe sie an. Auf der gegenüberliegenden Seite nähst du den langen Streifen genauso an.

Weiter geht es auf Seite 82.

5 Stecke an den kurzen Seiten die 150 cm langen Streifen rechts auf rechts mit der ungebügelten Seite an der Markierungslinie fest. An den Enden stehen die Streifen jeweils 1 cm über den Deckenrand über. Der Rest des Streifens zeigt zur Deckenmitte. Nähe die Streifen füßchenbreit an.

6 Bügle die überstehenden Streifenenden 1 cm nach links um. Klappe die Streifen um die Deckenkante und stecke die umgebügelte Längsseite auf der anderen Seite fest. Nähe die Streifenenden knappkantig fest. Anschließend nähst du die Längsseite der Streifen im Nahtschatten der anderen Längsnaht an.

Das braucht ihr:

- 8 Baumwollstoffe, Farben und Muster nach Wunsch, je 20 cm x 70 cm
- Baumwollstoff in Weiß (alternativ altes Bettlaken), 170 cm x 70 cm
- 40 l EPS-Perlen

Schnittmuster-bogen B

1 Lege die Baumwollstoffstücke links auf links auf den weißen Stoff. Stecke nacheinander das Schnittmuster auf und schneide je acht Teile aus gemustertem und weißem Stoff aus.

3 Lege zwei Streifen rechts auf rechts (bunt auf bunt) und stecke eine Kante von Spitze zu Spitze fest. Nähe die Kanten füßchenbreit zusammen.

5 Nähe auf diese Weise alle acht Teile zusammen. Lass bei der letzten Naht eine Wendeöffnung.

6 Schräge die Ecken der Seitenteile mit der Schere etwas ab. Dann kannst du den Sitzsack durch die Wendeöffnung wenden. Fülle ihn anschließend durch diese Öffnung mit den Kügelchen. Als Einfüllhilfe kannst du dir ein Stück Papier zu einem Trichter rollen. Fülle so viele Kügelchen ein, dass der Sack eine schöne Form bekommt. Schließe zum Schluss die Öffnung von Hand. Fertig ist deine neue Sitzgelegenheit.

2 Anschließend nähst du mit geradem Stich (Stichlänge 4 mm) jeweils ein buntes und ein weißes Teil knappkantig aufeinander.

4 Stecke einen weiteren Streifen rechts auf rechts an eine noch offene Seite und nähe die Kanten von Spitze zu Spitze zusammen.

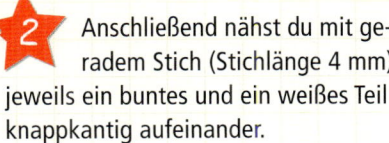

Tipp

Du kannst den Sitzsack auch aus einfarbigem Baumwollstoff oder auch aus Jeansstoff herstellen. Je nachdem, was am besten in dein Zimmer passt.

Das braucht ihr:

- Baumwollstoff in Blau-Weiß kariert, 40 cm x 20 cm
- Baumwollstoff in Gelb, 40 cm x 20 cm
- Filz in Grün, 3 cm x 30 cm
- Filzreste in Grün und Rosa
- Vlieseline H630, 40 cm x 20 cm und 20 cm x 20 cm
- Vliesofix, 20 cm x 20 cm
- Pomponband in Rosa, 12 cm lang
- Webband mit Blumenmuster, 1,5 m breit, 30 cm lang
- Webband in Türkis, 1 m breit, 7 cm lang
- Zierknopf „Blume" in Weiß

Schnittmuster-
bogen A

1 Bügle auf Baumwollstufe einmal leicht über das Webband mit Blumenmuster, in der Regel schrumpft es dadurch ein wenig. Schneide einen in der Größe zum Webband passenden Streifen Vliesofix zu und bügle ihn mit der rauen Seite auf die linke Seite des Webbands.

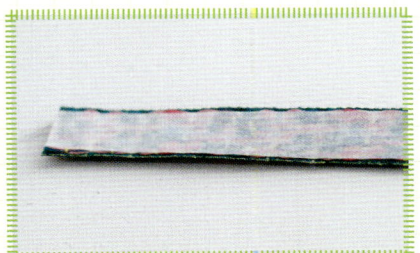

2 Zieh das Trägerpapier des Vliesofix ab und bügle das Webband mittig auf der grünen Filzstreifen. Nähe das Webband links und rechts knappkantig fest.

3 Schneide das Dach und das Hausquadrat mithilfe der Vorlage je zweimal aus Baumwollstoff und zweimal aus Vlieseline mit jeweils 1 cm Nahtzugabe aus. Bügle die Vlieseline nach Herstelleranleitung auf die linken Stoffseiten auf.

4 Schneide die Tür aus rosa und das Fenster aus grünem Filz aus. Bügle Vliesofix auf die beiden Teile und schneide sie aus.

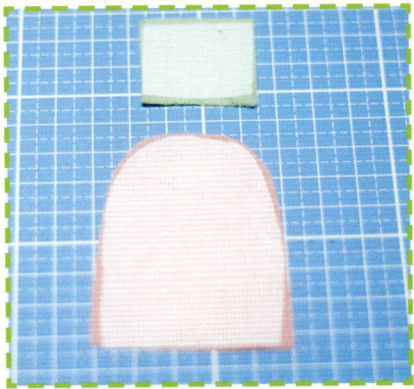

5 Entferne die Trägerfolie und bügle Tür und Fenster mit der rauen Seite auf das Haus. Achte bei der Tür darauf, dass du sie an der unteren Kante mit 1 cm Abstand vom Rand (Nahtzugabe!) aufbügelst.

6 Nähe Tür und Fenster auf der rechten Seite rundherum knappkantig ab.

7 Lege die Hausteile mit der rechten Seite nach oben vor dich. Lege die beiden Dachteile jeweils rechts auf rechts mit der Spitze nach unten zeigend an der oberen Hauskante an. Fixiere die Kanten mit Stecknadeln und nähe die Teile füßchenbreit zusammen. Bügle die Naht anschließend flach.

Weiter geht es auf Seite 88.

8 Jetzt steckst du Pomponband über der Naht an der Hausvorderseite fest und nähst es an. Nähe den Knopf als Türgriff von Hand an die Tür.

9 Für den Aufhänger faltest du das türkisfarbene Webband zur Hälfte. Stecke die Schlaufe nun mit der geschlossenen Seite nach innen auf die rechte Stoffseite der Dachspitze. Stecke anschließend den grünen Filzstreifen mittig an der Unterkante der Hausrückseite fest. Achte darauf, dass der

Streifen nach innen zeigt und mit der linken Seite (Rückseite) auf der rechten Stoffseite des Hauses liegt. Stecke den Filzstreifen am anderen Ende mit einer Nadel am Haus fest, damit er beim Nähen nicht verrutscht.

10 Lege die beiden Hausteile rechts auf rechts aufeinander und stecke sie fest. Nähe sie ringsherum an den Kanten zusammen. Lass dabei an einer Seite des Hauses eine 8 cm lange Wendeöffnung.

11 Wende das Haus durch die Wendeöffnung. Drücke die Ecken mit einem Bleistiftende schön heraus und bügle das Haus. Zum Schluss nähst du die Wendeöffnung von Hand zu.

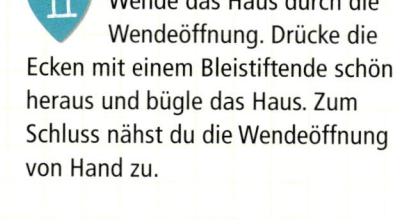

Wimpelkette

Das brauchst du:

- 14 Baumwollstoffe, Farben und Muster nach Wunsch, 20 cm x 40 cm
- vorgefalztes Schrägband in Gelb, 3 cm breit, 3,5 m lang

Schnittmuster-bogen A

1 Lege die 14 Stoffstücke doppelt. Stecke nacheinander das Schnittmuster auf und schneide von jedem Stoff zwei Dreiecke ohne Nahtzugabe aus.

4 Wende die Dreiecke auf rechts und drücke die Spitzen mit der Rückseite eines Bleistiftes gut heraus. Bügle die Wimpel schön flach.

6 Stecke die übrigen Wimpel immer mit 1 cm Abstand fest. Dann nähst du mit der Nähmaschine knappkantig entlang der offenen Schrägbandkante und Tataa! – fertig ist deine wunderschöne Wimpelkette.

2 Lege die jeweils gleichen Dreiecke rechts auf rechts aufeinander und stecke sie an den Kanten fest.

5 Jetzt befestigst du die Wimpel am Schrägband. Lass die ersten 50 cm frei, dann faltest du das Schrägband um die offene Oberkante des ersten Wimpels herum und steckst es fest.

3 Nähe die beiden langen Seiten der Dreiecke füßchenbreit zusammen. An der kurzen Seite lässt du die Dreiecke offen. Schneide die Nahtzugabe an der Spitze vorsichtig zurück. Achte darauf, dass du nicht in die Naht schneidest.

Das schaff ich ganz alleine

Tipp

Wimpelketten sind ein schönes Geburtstagsgeschenk für Freundinnen oder deine kleinen Nichten und Neffen. Du kannst die Wimpelkette natürlich auch aus ein und demselben Stoff nähen.

Schnittmuster-bogen B

Das braucht ihr:

Kleiner Ordnungshüter
- 2 Baumwollstoffe, Farben und Muster nach Wunsch (Außen- und Innenstoff), je 120 cm x 70 cm
- Vlieseline H630, 120 cm x 70 cm

Großer Ordnungshüter
- 2 Baumwollstoffe, Farben und Muster nach Wunsch (Außen- und Innenstoff), je 150 cm x 120 cm
- Vieseline H630, 150 cm x 120 cm

1 Schneide mithilfe des Schnittmusters zweimal den Innenstoff, zweimal den Außenstoff und viermal die Vlieseline zu.

2 Bügle die Vlieseline mit einem feuchten Tuch nach Herstelleranleitung auf die linke Stoffseite von Außen- und Innenstoff.

3 Lege je ein Stück Futterstoff und ein Stück Oberstoff rechts auf rechts aufeinander und stecke die Teile an den oberen Kanten zusammen. Dann nähst du füßchenbreit an der Kante entlang. Bügle die Nähte auseinander.

4 Lege die beiden genähten Stoffteile rechts auf rechts aufeinander. Achte darauf, dass die beiden Nähte aufeinandertreffen.

Weiter geht es auf Seite 94.

5 Nähe die Seiten und den Boden zusammen. Lass die Wendeöffnung und die Ecken noch offen. Bügle anschließend die Nähte auseinander.

7 Ziehe an einer Seite des Bodens die inneren Eckenspitzen auseinander.

9 Nähe die Kanten füßchenbreit ab. Wiederhole den Schritt auf der anderen Seite.

6 Lege das Stoffteil flach vor dich hin.

8 Stecke anschließend die Kanten so zusammen, dass die Nähte aufeinanderliegen.

10 Wende den Ordnungshüter durch die Wendeöffnung und nähe anschließend die Wendeöffnung mit der Nähmaschine knappkantig zu.

Federmappen-Fräulein

Das braucht ihr:

- Baumwollstoff in Zartrosa (Vorderseite), 25 cm x 30 cm
- Baumwollstoff, Farbe und Muster nach Wunsch (Innenfutter), 50 cm x 30 cm
- Baumwollstoff, Farbe und Muster nach Wunsch (Rückseite), 25 cm x 30 cm

- Baumwollstoff in Gelb-Pink gemustert (Haare), 15 cm x 25 cm, und in Pink (Bäckchen), 12 cm x 12 cm
- Vlieseline H630, 25 cm x 45 cm
- Reißverschluss in Rosa, 30 cm lang
- farblich passendes Nähgarn

- Vliesofix, 25 cm x 30 cm
- Trickmarker
- Satinband in Pink, 1 cm breit, 20 cm lang
- Knopf, ø 1,8 cm

Schnittmuster-bogen A

1 Schneide Vorder- und Rückseite des Mäppchens sowie zwei Innenfutterteile mithilfe des Schnittmusters aus. Bügle die Vlieseline gemäß Herstelleranleitung auf die linke Stoffseite der Außenstoffteile.

2 Übertrage die Haarschablone spiegelverkehrt mit Bleistift auf die glatte Vliesofixseite. Bügle das Vliesofix auf den Stoff für die Haare auf. Schneide die Haare anschließend mit 1 cm Nahtzugabe an der Oberkante und an den Seiten aus. Zieh das Trägerpapier ab und bügle die Haare auf die rechte Seite des Außenstoffs.

3 Zeichne die Bäckchen mithilfe der Vorlage spiegelverkehrt auf das Vliesofix. Bügle das Vliesofix auf den pinkfarbenen Stoff. Schneide die Bäckchen an den unteren Rundungen mit 1 cm Nahtzugabe aus. Entferne das Trägerpapier und bügle sie auf die Vorderseite des Mäppchens.

4 Umrande die Haare und Bäckchen mit der passenden Garnfarbe mit Zickzackstich (Stichlänge 0,5 mm, Stichbreite 3 mm). Probiere den Stich ggf. vorher auf einem Stoffrest aus.

5 Zeichne Mund und Augen mit Trickmarker auf und sticke sie mit schwarzem Garn mit der Nähmaschine nach. Beim Auge stellst du die Stichlänge 0,3 mm ein und beginnst mit Stichbreite 2 mm, vergrößerst sie beim Nähen bis 7 mm und verkleinerst sie dann wieder bis 2 mm, sodass eine Kreisform entsteht. Beim Mund variiert die Stichbreite von 2 mm bis 4 mm. Probiere die Stiche ggf. vorher auf einem Stoffrest aus.

Weiter geht es auf Seite 98.

6 Lege den Reißverschluss mit der Oberseite auf die rechte Stoffseite (Gesicht) und stecke ihn fest.

8 Befestige das Reißverschluss-füßchen an deiner Nähmaschine und nähe den Reißverschluss fest.

10 Öffne jetzt den Reißverschluss zur Hälfte, damit du das Mäppchen später wenden kannst.

7 Lege jetzt das Innenfutter rechts auf rechts auf das Vorderteil (Gesicht) und stecke es am Reißverschluss fest. Der Reißverschluss liegt jetzt zwischen Ober- und Futterstoff.

9 Stecke nun das andere Oberstoffteil rechts auf rechts an die gegenüberliegendes noch freie Seite des Reißverschlusses. Den Futterstoff steckst du wieder rechts auf rechts darüber. Nähe die andere Reißverschlussseite fest.

11 Stecke den Oberstoff rechts auf rechts bis zum Reißverschluss zusammen. Den Futterstoff steckst du ebenfalls bis zum Reißverschluss zusammen.

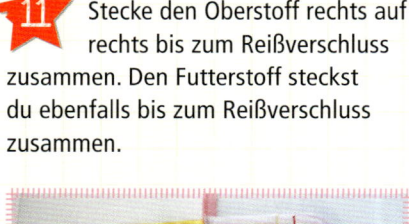

12 Schlage das Reißverschluss-band am Oberstoff zurück und beginne so nah wie möglich am Reißverschluss zu nähen. Vergiss nicht, die Naht mit Rückstichen zu verriegeln. Nähe die Kanten ringsherum und verriegele die Naht am Ende vor dem Reißverschluss mit Rückstichen.

13 Wiederhole Schritt 12, um den Futterstoff zusammenzunähen. Lass im Boden allerdings eine Wendeöffnung von 5 cm.

14 Schneide die Nahtzugaben in den Rundungen auf 3 mm zurück und wende das Mäppchen auf rechts. Nähe die Wendeöffnung mit der Nähmaschine knappkantig zu. Anschließend bügelst du das Mäppchen schön glatt.

15 Zum Schluss legst du ein 20 cm langes Stück Webband zu einer Schleife.

16 Mittig nähst du zuerst einen Knopf auf die Schleifenmitte und nähst anschließend das Schleifchen mit der Hand am Federmäppchen fest.

Tipp

Der Reißverschluss darf ruhig länger sein als das Mäppchen. Du kannst ihn beliebig kürzen.

Das brauchst du:

- Baumwoll-Kuschelfleece in Weiß, 80 cm x 80 cm
- Bastelfilz in Rosa und Schwarz, je 20 cm x 20 cm
- Baumwollstoff in Blau-Weiß kariert, 4 cm x 30 cm
- Satinband in Gelb, 1 cm breit, 15 cm lang
- Textilkleber
- Füllwatte

Schnittmuster-bogen B

1 Schneide zuerst mithilfe des Schnittmusters zwei Baumwoll-fleece-Wölkchen mit 1 cm Nahtzugabe zu. Lege dazu den Fleece rechts auf rechts, stecke das Schnittmuster zwei-mal im Stoffbruch auf und schneide beide Teile zusammen zu.

2 Schneide nun mithilfe des Schnittmusters Augen und Mund aus schwarzem und die Bäck-chen aus rosa Filz zu. Lege für Augen und Bäckchen den Filz doppelt, stecke die Schnittmuster auf und schneide die Teile aus zwei Stofflagen aus. Klebe Augen, Mund und Bäckchen mit Tex-tilkleber auf die rechte Stoffseite eines Wolkenteils. Lass alles gut trocknen.

3 Lege die beiden Wolkenteile rechts auf rechts aufeinander und stecke sie an den Kanten fest. Nähe die Kanten ringsherum zusammen.

Arbeite dabei besonders in den Wolken-falten sehr sorgfältig. Lass die Wende-öffnung offen.

4 Schneide die Nahtzugaben in den Wolkenfalten und auch an den Rundungen knapp zurück. Achte darauf, dass du dabei nicht in die Naht schneidest. Wende die Wolke durch die Wendeöffnung auf rechts und bügle sie schön glatt.

5 Stopfe dein Wölkchen mit Füll-watte aus. Anschließend nähst du die Wendeöffnung von Hand zu.

6 Lege den karierten Baumwoll-streifen so, dass die linke Seite zu dir zeigt. Dann bügelst du die beiden Längsseiten 1 cm nach innen um.

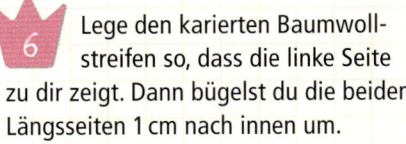

7 Falte die beiden Enden des Stoffstreifens jeweils etwa 7 cm zur Mitte. Anschließend faltest du den Streifen nochmal zur Hälfte. Wickle ein Stück Satinband um die Mitte und zieh es fest.

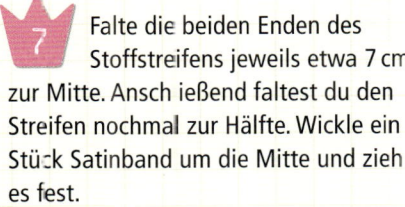

8 Fertig ist deine Schleife. Nähe sie vorsichtig von Hand an Little Miss Wölkchen und dann könnt ihr loskuscheln.

Gepimpte Pinnwand

Das braucht ihr:

- Pinnwand aus Kork mit Holzrahmen, 40 cm x 60 cm
- 7 Baumwollstoffe, Farben und Muster nach Wunsch, je ca. 52 cm x 14 cm
- Vlieseline H630, 45 cm x 65 cm
- Elektrotacker

1 Zuerst schneidest du deine Stoffstreifen zu. Du brauchst drei 12 cm x 52 cm große Streifen, zwei 10 cm x 52 cm große Streifen und zwei 14 cm x 52 cm große Streifen.

2 Lege die Streifen so vor dich hin, dass immer unterschiedlich breite Streifen nebeneinanderliegen und sich ein schönes Patchworkmuster ergibt.

3 Wenn dir dein Streifenmuster gefällt, legst du die ersten beiden Streifen rechts auf rechts. Stecke sie an einer langen Kante fest und nähe sie füßchenbreit zusammen. Anschließend steckst du den nächsten Stoffstreifen an einer langen Seite rechts auf rechts auf und nähst ihn fest. Wiederhole den Schritt, bis du alle Streifen an den langen Kanten zusammengenäht hast.

4 Bügle nun alle Nähte auseinander.

5 Schneide ein 45 cm x 65 cm großes Stück Vlieseline zu und bügle es nach Herstelleranleitung auf die linke Seite deines Patchworktuchs.

6 Zum Schluss tackerst du das Patchworktuch an der Rückseite der Pinnwand am Holzrahmen fest. Achte darauf, dass du den Stoff straff, aber nicht zu straff ziehst, bevor du ihn festtackerst. Die Ecken klappst du um und tackerst sie ebenfalls fest. Jetzt kannst du dein Schmuckstück an die Wand hängen.

Tipp

Du kannst deine Pinnwand auch mit nur einem Stoff beziehen und mit Vliesofix eine schöne Applikation darauf bügeln bzw. nähen, bevor du den Stoff festtackerst.

Blumenkissen

Das braucht ihr:

- Baumwollstoff in Blau-Weiß kariert, 50 cm x 150 cm
- Bastelfilz in Gelb, 22 cm x 22 cm, Hellgrün, 14 cm x 14 cm, Rosa, 6 cm x 6 cm, Orange, 5 cm x 5 cm, und Blau 3 cm x 3 cm
- Pomponborte in Pink, 220 cm lang
- Textilkleber
- Füllkissen, 50 cm x 50 cm

Schnittmuster-
bogen A

1 Schneide aus dem blau karierten Stoff zwei 52 cm x 52 cm große Quadrate zu. Lege dazu den Karostoff doppelt und schneide beide Teile zusammen aus.

2 Schneide die Filzblumen mithilfe der Schnittmuster aus. Klebe die einzelnen Filzblumen der Größe nach mit Textilkleber aufeinander. Beginne mit den beiden größten Blumen.

3 Klebe nun die Blume mit Textilkleber mittig auf eine rechte Kissenseite. Um die Mitte zu finden, faltest du den Stoff einmal zur Hälfte und dann noch einmal zur Hälfte. Bügle anschließend einmal kurz über den doppelt liegenden Knick. Falte den Stoff auseinander und lege die Blume genau über die Bügel-Markierung.

4 Nun steckst du die Pomponborte ringsherum 0,5 cm entfernt vom Stoffrand des Kissenteils mit der Blume fest. Die Pompons zeigen dabei nach innen. Nähe die Borte mit der Nähmaschine an.

5 Lege die beiden Stoffquadrate rechts auf rechts und stecke sie fest. Achte darauf, dass die Pomponborte nach innen zeigt.

6 Jetzt nähst du knapp neben der Pomponband-Naht die beiden Kissenhälften zusammen. Lass an einer Seite mittig eine Wendeöffnung von ca. 20 cm.

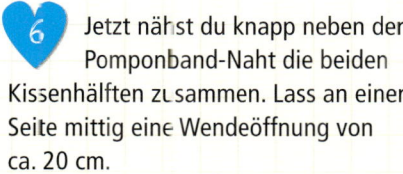

7 Wende dein Kissen auf rechts und stopfe das Füllkissen hinein. Jetzt schließt du noch die Wendeöffnung von Hand und schon ist dein Kissen fertig.

KleiderSchätze

♥

Sommerkleid

Sternenshirt

Patchworkschal

Fröhlicher Rock

Armstulpen für Mama und mich

Fröhlicher Rock

Schnittmuster-
bogen B

- Babycord oder Baumwollstoff in Gelb-Grün-Pink gemustert, 70 cm x 110 cm
- Baumwollstoff in Grün kariert, 40 cm x 110 cm
- Bündchenware in Rosa, 12 cm x 33 cm

1 Schneide mithilfe des Schnittmusters das Rockteil aus dem gemusterten Baumwollstoff zweimal im Stoffbruch mit 1 cm Nahtzugabe zu. Markiere an den Stoffteilen jeweils die Mitte. Schneide anschließend den Saum zweimal im Stoffbruch aus kariertem Stoff mit 1 cm Nahtzugabe zu und markiere ebenfalls jeweils die Mitte. Bügle die Saumteile links auf links längs zur Hälfte.

2 Falte das Bündchen längs zur Hälfte. Lege es anschließend einmal um deine Taille herum. Ist das Bündchen zu groß, stecke es so ab, dass es passt, und schneide den überflüssigen Stoff ab. Lege anschließend das doppelte Bündchen rechts auf rechts, stecke die schmalen Kanten aufeinander und nähe sie zusammen.

3 Stecke die Saumstreifen jeweils rechts auf rechts auf die untere Stoffkante der Rockteile. Achte darauf, dass die Markierungen in der Mitte der Teile immer aufeinandertreffen. Stecke dort die erste Nadel ein und anschließend die restlichen Nadeln entlang der Kanten. Nähe die Teile füßchenbreit zusammen.

4 Versäubere die Nahtzugaben mit Zickzackstich, damit dein Stoff nicht ausfranst. Bügle anschließend die Nahtzugabe nach oben auf den gemusterten Stoff.

Weiter geht es auf Seite 110.

5 Jetzt legst du beide Rockteile rechts auf rechts aufeinander. Achte darauf, dass die Nähte zwischen gemustertem Stoff und Saum genau aufeinanderliegen. Fixiere die Lagen mit Stecknadeln und nähe die beiden Seiten des Rocks füßchenbreit zusammen.

6 Klappe an den Seitennähten die Nahtzugaben an den Ecken des Saumendes nach innen und stecke sie fest. Anschließend versäuberst du die Seitennähte mit Zickzackstich und bügelst sie flach. Dann kannst du den Rock wenden.

7 Jetzt nähst du den Bund an. Dazu teilst du die Bündchenware zunächst in vier gleich große Abschnitte ein. Lege dafür den zusammengenähten Bund vor dich und markiere die Seiten mit Stecknadeln. Dann legst du den Bund an den gesteckten Markierungen aufeinander und steckst wieder zwei Nadeln in die Seiten.

8 Lege nun den Bund rechts auf rechts auf den Rock. Stecke ihn zunächst an den vier Markierungen aus dem Schnittmuster vorn und hinten in der Mitte und an den Seiten fest. Dann ziehst du den Bund so auseinander, dass er zwischen den Nadeln genauso lang ist wie der Stoff des Rocks, und steckst die Stofflagen aufeinander. Nähe zum Schluss den Bund mit 1 cm Nahtzugabe ringsherum fest. Ziehe den Bund auch beim Nähen auseinander, damit du keine Falten in den Stoff nähst. Hierbei kann dir Mama helfen.

Sternenshirt

Das braucht ihr:

- eir farbiges T-Shirt in deiner Größe
- 4 Baumwollstoffreste, Farben und Muster nach Wunsch, je 10 cm x 10 cm
- Vliesofix, 10 cm x 45 cm
- Stickvlies 10 cm x 45 cm

Schnittmusterbogen A

1 Zeichne die Sternenvorlage viermal auf die glatte Seite des Vliesofix auf.

2 Schneide die Sterne grob aus und lege sie mit der rauen Seite auf die linke Seite der Baumwollstoffe. Bügle die Vliesofix-Sterne nach Herstelleranleitung auf.

3 Schneide die Sterne sauber aus und entferne danach das Trägerpapier.

4 Lege die Sterne mit der Klebefläche nach unten rund um den Halsausschnitt auf das T-Shirt auf. Dann bügelst du sie nach Herstelleranleitung auf. Lass den Stoff gut auskühlen.

5 Wende das T-Shirt und bügle auf der Rückseite einen Streifen Stickvlies über deine Sterne auf. Das Stickvlies brauchst du, damit der Stoff sich beim Festnähen der Sterne nicht verzieht.

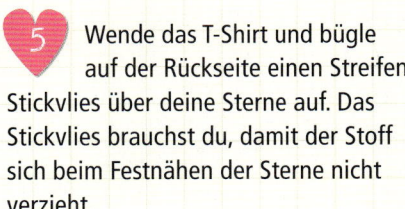

6 Wende das T-Shirt auf rechts und umrande alle Sterne mit Zickzackstich (Stichlänge 0,5 mm, Stichbreite 2,5–3 mm) Dabei hilft dir Mama. Probiert den Zickzackstich vorher auf einem Stoffrest aus. Der Stich sollte schön eng und dicht sein.

7 Zum Schluss reißt du vorsichtig das Stickvlies heraus und schon kannst du dein gepimptes Shirt anziehen!

Tipp

Du kannst natürlich auch andere Motive aufbügeln. Suche dir Vorlagen z.B. im Internet oder zeichne deine eigenen Ideen auf.

Patchworkschal

Das braucht ihr:

- 5 Baumwollstoffe, Farben und Muster nach Wunsch, je 30 cm x 15,5 cm
- Kuschelnickistoff, Farbe nach Wunsch, 15,5 cm x 140 cm
- farblich passendes Pomponband, 35 cm lang

1 Überlege dir, in welcher Reihenfolge du die Stoffstücke aneinandernähen möchtest. Dann steckst du die ersten beiden Baumwollrechtecke an jeweils einer schmalen Kante rechts auf rechts und nähst sie füßchenbreit zusammen. Nähe auf diese Weise die fünf Baumwollstoffrechtecke zu einem langen Streifen zusammen. Bügle die Nähte anschließend auseinander.

2 Lege jetzt den Nickistoffstreifen rechts auf rechts auf deinen Patchworkstreifen und stecke die Kanten zusammen. Bügle nochmals über den schon gesteckten Stoffstreifen, falls sich der Nickistoff an den Kanten rollt. Jetzt kannst du die Längsseiten mit 1 cm Nahtzugabe zusammennähen.

3 Wende den Schal auf rechts und bügle ihn. Schlage die Kanten an beiden Enden 1 cm nach innen. Dann steckst du dazwischen einen passenden Streifen Pomponband fest. Nähe zum Schluss die beiden schmalen Seiten knappkantig zu.

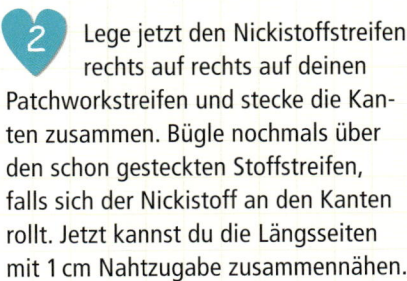

Das braucht ihr:

Schnittmuster-
bogen A

- Jersey in Orange mit Blumenmuster (Oberstoff), 80 cm x 150 cm, und in Grün (Futterstoff), 80 cm x 150 cm
- Jerseynadel für die Nähmaschine
- Pomponband in Hellgrün, 150 cm lang

1 Schneide aus dem Oberstoff und dem Futterstoff je ein Vorder- und ein Rückteil im Stoffbruch aus. Achte beim Zuschneiden auf den Musterverlauf, falls du einen gemusterten Stoff benutzt, und vergiss nicht, die Markierungen von der Vorlage auf den Stoff zu übertragen.

2 Lege die Oberstoffteile rechts auf rechts. Stecke sie an den Seiten aufeinander und nähe die Seiten füßchenbreit zusammen. Wiederhole den Schritt mit den Futterstoffteilen. Achte dabei darauf, die Wendeöffnung zwischen den Markierungen offen zu lassen.

3 Wende das Futterstoffteil auf links und schiebe es über den Oberstoff, sodass die beiden Kleidteile rechts auf rechts aufeinanderliegen. Stecke Ober- und Futterstoff am Halsausschnitt vorn und hinten und an den Armausschnitten bis zu den Markierungen zusammen. Achte darauf, dass die Seitennähte von Ober- und Futterstoff genau aufeinandertreffen.

4 Nähe den Halsausschnitt und die Armausschnitte füßchenbreit zusammen.

5 Schneide die Nahtzugaben in den Rundungen der Hals- und Armausschnitte mehrmals vorsichtig bis kurz vor die Naht ein. Wende das Kleid auf rechts und bügle die Nähte.

Weiter geht es auf Seite 118.

6 Stecke nun die Schultern rechts auf rechts zusammen. Dabei liegt Oberstoff auf Oberstoff und Futter auf Futter. Achte darauf, dass die Halsausschnittnähte genau aufeinandertreffen. Nähe die Schultern füßchenbreit zusammen.

7 Jetzt greifst du von unten mit der Hand zwischen Ober- und Futterstoff bis zur Schulter und ziehst die noch offene Stelle auf links. Drücke an der Schulternaht die Nahtzugabe auseinander und stecke die Nähte aufeinander. Danach schließt du die Naht zwischen den Markierungen.

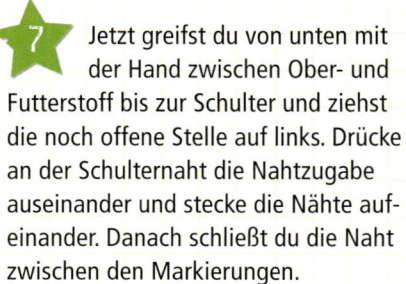

8 Stecke das Pomponband am unteren Saum auf dem Oberstoff fest und nähe es mit großen Stichen (Stichlänge 4 mm) an. Die Pompons zeigen dabei in Richtung Halsausschnitt.

9 Für den unteren Saum steckst du gegenüber der Wendeöffnung die Seitennähte aufeinander. Wende das Kleid durch die Wendeöffnung in der Seitennaht des Innenfutters auf links. Dann steckst du den Saum rechts auf rechts zusammen. Nähe anschließend den Saum kurz oberhalb der Pomponbandnaht (etwa 1 mm versetzt) zusammen. Der Abstand zur Naht darf nicht groß sein, sonst nähst du über die Pompons.

10 Wende das Kleid zum Schluss wieder durch die Wendeöffnung auf rechts und nähe die Wendeöffnung mit der Nähmaschine oder von Hand zu.

Das brauchst du:

- Fleece in Hellblau und Gelb, je 40 cm x 90 cm
- Webband in Blau und Rosa, 1,5 cm breit, je 50 cm lang
- Zackenlitze in Blau und Rot, je 1 m lang
- Vliesofix, 10 cm x 30 cm
- farblich passendes Nähgarn

1 Lege den Fleece doppelt. Die gerade Seite der Vorlage legst du an den Stoffbruch. Übertrage die Vorlage pro Handschuh zweimal mit 1 cm Nahtzugabe auf den Fleece und schneide sie aus.

2 Richte die Armstulpen (immer noch doppelt liegend) so vor dir aus, dass ein Daumen nach rechts und einer nach links zeigt. Markiere jeweils die Oberseiten mit einer Stecknadel.

3 Schneide das Webband zu. Du brauchst pro Handschuh zwei 25 cm lange Streifen. Bügle auf die linke Webbandseite einen Streifen Vliesofix. Zieh das Trägerpapier des Vliesofix ab und bügle auf die Oberseite jedes Handschuhs ein Stück Webband.

4 Lege die Handschuhteile auseinander. Schlage die Webbandenden oben und unten nach hinten um und stecke sie jeweils auf der Rückseite des Handschuhteils mit Stecknadeln fest.

5 Jetzt nähst du mit der Nähmaschine knappkantig entlang der Webbandkanten. Achte darauf, dass die Garnfarbe farblich zum Webband passt.

6 Schneide die Zackenlitze pro Handschuh in vier Stücke von derselben Länge wie das Webband. Stecke die Litze links und rechts des Webbands auf die Handschuhoberseite auf und nähe sie fest. Achte darauf, dass der Handschuhstoff dabei nicht mehr doppelt liegt.

7 Stecke nun bei jedem Handschuh die Seitenkanten aufeinander, dabei liegt die rechte Seite jeweils innen. Dann nähst du die Seitenkanten ober- und unterhalb der Daumenöffnung zusammen. Schneide die Nahtzugabe in den Rundungen ein. Dann wendest du die Handschuhe und kannst sie anprobieren. Hmmm … kuschelig!

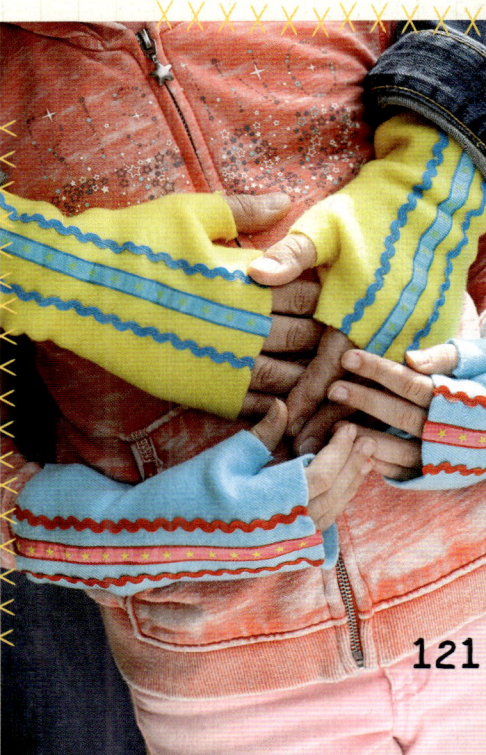

Ich für Mama

Lavendelsäckchen

Lavendelsäckchen

Das brauchst du:

- Baumwollstoff, Farbe und Muster nach Wunsch, 12 cm x 30 cm
- Satinband in Pink und Gelb, 1 cm breit, 20 cm lang
- Zickzackschere
- 1 Tasse Lavendelblüten

Schnittmuster-bogen A

1 Lege den Baumwollstoff doppelt und zeichne ein Rechteck mit den Maßen 8 cm x 12 cm auf. Schneide das Rechteck aus.

2 Lege die Stoffrechtecke links auf links, also mit den schönen Seiten außen, aufeinander. Stecke die Seiten und den Boden mit Stecknadeln zusammen.

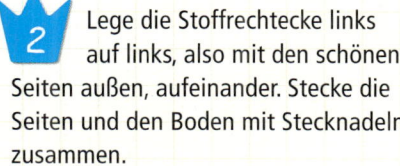

3 Nähe die Seiten und den Boden deines Säckchens mit der Nähmaschine füßchenbreit zu. Sichere den Anfang und das Ende der Naht mit einigen Rückstichen.

4 Schneide rundherum mit der Zickzackschere etwa 0,5 cm von der Nahtzugabe ab. Achte darauf, dass du nicht in die Naht hineinschneidest.

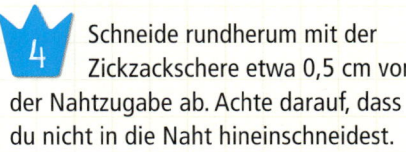

5 Jetzt kannst du mit einem Teelöffel Lavendelblüten in dein Säckchen füllen.

6 Verschließe zum Schluss das Säckchen mit dem Satinband und binde eine Schleife. Fertig ist dein duftendes Mama-Geschenk!

125

Buchtipps für euch

Noch mehr grandiose Kreativideen von Pia Deges
findet ihr in diesen Büchern:

TOPP 5780
ISBN: 978-3-7724-5780-7

TOPP 5718
ISBN: 978-3-7724-5718-0

TOPP 3978
ISBN: 978-3-7724-3978-0

TOPP 5795
ISBN: 978-3-7724-5795-1

TOPP 5956
ISBN: 978-3-7724-5956-6

TOPP 5686
ISBN: 978-3-7724-5686-2

Ihr habt noch mehr Kreativwünsche? Dann werdet ihr in diesen Büchern bestimmt fündig!

TOPP 5959
ISBN: 978-3-7724-5959-7

TOPP 5675
ISBN: 978-3-7724-5675-6

TOPP 5764
ISBN: 978-3-7724-5764-7

TOPP 5797
ISBN: 978-3-7724-5797-5

TOPP 5692
ISBN: 978-3-7724-5692-3

TOPP 5995
ISBN: 978-3-7724-5995-5

TOPP 5682
ISBN: 978-3-7724-5682-4

TOPP 5961
ISBN: 978-3-7724-5961-0

Danke

Ein dickes Dankeschön für lauter schöne Glückspakete
geht an folgende Firmen: Farbenmix (Schortens), Hilco (Leinfelden-
Echterdingen), Prym (Stolberg), Rico Design (Brakel), UHU (Bühl)
und Westfalenstoffe (Münster).
Babette und Klara sage ich herzlich Dankeschön fürs Mitmachen und
eure gute Laune, Angela für die wunderbare Zusammenarbeit und
Michael für die schönen Bilder. Ein besonders dickes Dankeschön geht
an Näh-Nina für ihr Fachwissen, ihre Geduld, die guten Tipps
und die vielen Stunden im schönen Nähraum.

Impressum

Alle Modelle und Schrittfotos: Pia Deges
Fotos: frechverlag GmbH, 70499 Stuttgart; lichtpunkt, Michael Ruder, Stuttgart
Idee und Konzept: Pia Deges und Angela Vornefeld
Produktmanagement: Angela Vornefeld
Lektorat: Dr. Christine Schlitt
Layout und Satz: Melanie Dahmen
Druck: Finidr s.r.o., Tschechische Republik

2. Auflage 2015

© 2015 frechverlag GmbH, 70499 Stuttgart
ISBN: 978-3-7724-7536-8 Best.-Nr. 7536

**Unser
Service für Sie:**
Wenn Sie Fragen zu den
Anleitungen in diesem Buch
haben, schreiben Sie einfach
eine E-Mail an:
mail@kreativ-service.info.
Wir helfen Ihnen
gerne weiter.

Die Autorin

Ob gebastelt, gebacken oder genäht – schon als kleines Mädchen hat Pia Deges gerne Glückssachen selbstgemacht und daran hat sich bis heute nichts geändert. Bei der Arbeit zu diesem Buch hat sie sich durch bunte Stoffstapel gewühlt, ihre Tochter fürs Nähen begeistern können und Fadenreste und Stecknadeln im ganzen Haus verteilt.

Pia Deges lebt mit ihrer Familie mitten im Ruhrgebiet.

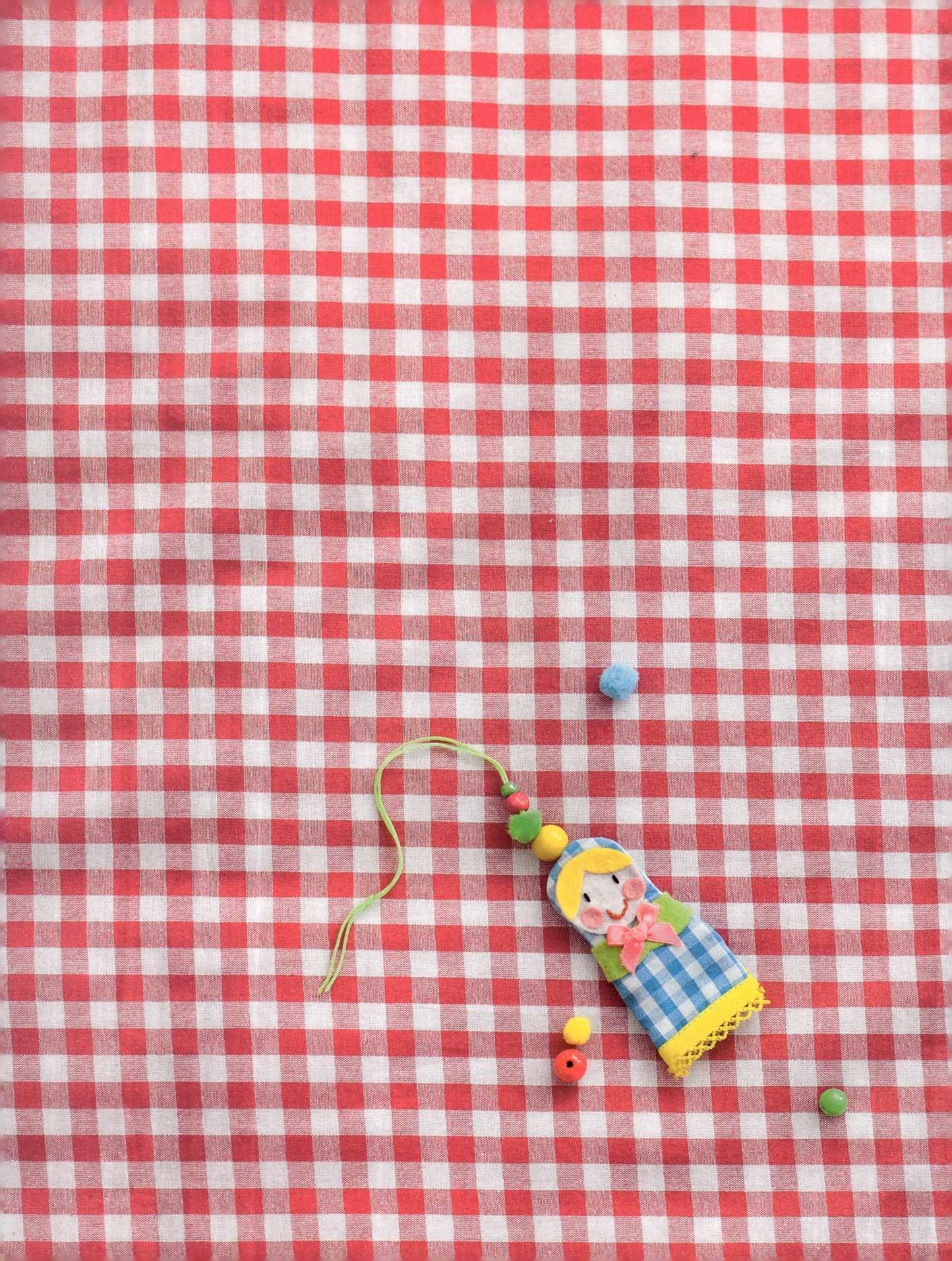